信息化背景下的
大学英语教学实践研究

王江华　罗蕾　著

中国民族文化出版社
北　京

图书在版编目(CIP)数据

信息化背景下的大学英语教学实践研究/王江华，罗蕾著. --北京：中国民族文化出版社有限公司，2023.11（2025.1重印）

ISBN 978-7-5122-1800-0

Ⅰ.①信… Ⅱ.①王…②罗… Ⅲ.①英语-教学研究-高等学校 Ⅳ.①H319.3

中国国家版本馆 CIP 数据核字(2023)第 216050 号

信息化背景下的大学英语教学实践研究
XINXIHUA BEIJING XIA DE DAXUE YINGYU JIAOXUE SHIJIAN YANJIU

作　　者	王江华　罗蕾
责任编辑	张　宇
责任校对	李文学
出 版 者	中国民族文化出版社　地址：北京市东城区和平里北街 14 号
	邮编：100013　联系电话：010-84250639　64211754(传真)
印　　装	三河市同力彩印有限公司
开　　本	787mm×1092mm　1/16
印　　张	10.5
字　　数	220 千
版　　次	2023 年 11 月第 1 版　2025 年 1 月第 2 次印刷
标准书号	ISBN 978-7-5122-1800-0
定　　价	39.80 元

版权所有　侵权必究

前　言

英语作为世界上使用最广泛的语言，是国际交流的重要工具，也是高校人才培养领域的重要学科。社会发展对大学生的英语应用能力的要求逐渐趋向于多元化、专业化，大学英语教学的改革必须顺应时势，以适应社会发展的需求。信息技术的发展，为大学英语教学开辟了新思路，提供了新方法，也提出了新要求。如何有效利用信息技术，推动大学英语教学的改革与创新，成为广大英语教师不得不严肃面对和深入研究的问题。本书分析了信息技术在大学英语教学中的应用，以及教师教学模式、教学理念和教师能力发展等内容，具有深远的现实意义。

网络的普及和信息技术的发展，使大学英语信息化教学变为可能，也变为必然。然而，信息技术与大学英语教学的融合，并非一蹴而就，浑然天成，还需要我们在实际教学中不断地磨合与探索。利用各种先进的教学理念、工具和技术来武装大学英语教学，对提升大学英语教学质量具有举足轻重的作用。在当前的教育信息化背景下，大学教师在组织英语教学时，应根据人才培养需求，对英语教学进行改革与创新，全面提升大学生的英语综合素养。随着中国大学英语教学改革的不断深入，大学英语课程体系和教学模式呈现出新的特点和趋势，信息技术对传统教育的影响逐步加深。

本书立足于信息化背景，对大学英语教学改革进行了全方位的解读和研究。全书共包含8个章节，第一章对信息化背景下大学英语教学的研究背景进行阐述，包括信息技术的发展、教育信息化的内涵与特征等；第二章为信息化背景下信息技术与大学英语课程整合，主要阐述了信息技术与英语课程整合、整合的重点、整合的作用等；第三章为信息化背景下大学英语教学理念的构建，包括以学习者为中心、激发学习动机、培养学习策略等；第四章为信息化背景下大学英语教学模式创新，重点论述了英语教学模式的构建路径、教育平台创建，以及具体教学模式；第五章论述了信息化背景下大学英语学习方式改革与创新；第六章为信息化背景下的高校英语教师能力发展，重点论述了高校英语教师的任务及角色转变；第七章为信息化背景下大学英语评估体系研究，重点论述了大学英语教师的发展性评价、专业化发展路径等；第八章为信息化背景下大学英语教学的策略，重点论述了大学英语听力教学策略、口语教学策略、阅读教学策略等。

  本书在撰写过程中，吸收和借鉴了许多专家学者的研究成果，在此一并表示感谢。由于水平有限以及信息化教学不断发展，书中难免存在不足之处，恳请广大读者批评指正。

2023 年 3 月

目 录

第一章 信息化背景下大学生英语教学的研究背景 ····················· 1
 第一节 信息技术与大学英语教学的融合发展 ····················· 1
 第二节 信息技术在大学英语教学中的应用 ······················· 3
 第三节 我国高校英语教学信息化现状和发展 ···················· 10

第二章 信息化背景下信息技术与大学英语课程整合 ··············· 13
 第一节 信息技术与课程整合 ····································· 13
 第二节 信息技术与英语课程整合的重点 ························ 19
 第三节 信息技术与英语课程整合的作用 ························ 25

第三章 信息化背景下大学英语教学理念的构建 ····················· 28
 第一节 以学习者为中心 ··· 28
 第二节 激发学习动机 ·· 32
 第三节 培养学习策略 ·· 35
 第四节 营造网络环境 ·· 36
 第五节 关注学习风格 ·· 46

第四章 信息化背景下大学英语教学模式创新 ························ 53
 第一节 信息化背景下大学英语教学模式的构建路径 ············ 53
 第二节 现代信息技术下大学英语教学模式的创新 ·············· 59
 第三节 信息化大学英语教学平台的创建 ························ 70

第五章 信息化背景下大学英语学习方式改革与创新 ················ 76
 第一节 信息化背景下大学英语自主学习 ························ 76
 第二节 信息化背景下大学英语移动学习 ························ 83

第六章 信息化背景下高校英语教师能力发展 ········· 96
第一节 信息化背景下高校英语教学存在的问题 ········· 96
第二节 信息化背景下高校英语教师的任务 ········· 102
第三节 信息化背景下高校英语教师角色的转变 ········· 105

第七章 信息化背景下大学英语评估体系研究 ········· 109
第一节 大学英语教师的发展性评价 ········· 109
第二节 信息化背景下大学英语教师专业化发展路径 ········· 117
第三节 信息化背景下大学英语评估体系的多元构建 ········· 128

第八章 信息化背景下大学英语教学的策略探究 ········· 135
第一节 大学英语听力教学的策略 ········· 135
第二节 大学英语口语教学的策略 ········· 139
第三节 大学英语阅读教学的策略 ········· 147
第四节 大学英语写作教学的策略 ········· 151
第五节 大学英语翻译教学的策略 ········· 154

参考文献 ········· 159

第一章　信息化背景下大学生英语教学的研究背景

美国著名的新闻和媒体经营大亨鲁伯特·默多克曾经在一次演讲中说道："在座的各位，都不需要我告诉你们，人才和科技怎样使我们的生活变得更加富有和多彩。不管我们到哪里，我们都可以看到电子科技给生产力带来的进步。科技也创造了比以往更多的工作机会，同时把我们从时间和空间的局限中解放出来。"

以信息技术为枢纽的数字信息化形式是当前世界经济转型的典型表现，在信息技术冲击下，"未来的社会将逐步向扁平化演进"。在这种扁平化趋势影响下的全球分散式信息，将会形成基础设施。因此，未来"每一个人都必须具备理解当今全球性知识的基础技能"。可见，以互联网为支撑的产业革命让科技生产者处于创新人才链的源头位置。具有丰富的知识构成，能自我获取新兴科技和探索未知领域的创新人才成为这个时代的领军人物，这些人才是在互联网上能灵活运用各种科技知识的综合人才。

面对这样的人才需求，在讨论全球教育改革思潮时，有学者认为"之所以当前以新自由主义为主导的经济理论日渐盛行，各国不约而同围绕经济展开激烈竞争，这都与新的信息技术发展密切相关，正是新的信息技术发展才使'产生知识、信息处理与沟通技术'成为生产力的来源，对教育创新更是在全球范围内迅速更新了原来的模式"。在教育领域，信息技术带来了个性化、智能化、定制化等新的学习理念，从而推动了新的学习方式的产生。新的人才培养将以新技术与信息技术融合创新为手段，注重人们的学习能力发展。这不仅是顺应社会的发展，也是满足人类全面发展的需要。

第一节　信息技术与大学英语教学的融合发展

在信息化社会，信息资本决定社会生产关系变化。人们需要不断获取支撑自己生存发展的信息资本，而英语就是人们获取各类信息资本的工具之一。掌握一门乃至多门外语以准确获取知识信息正成为当代人的日常需要。人们希望更加便捷地学习英语，于是大量共享开放网络英语学习资源和"慕课"等在线课堂应运而生，所有学习人群包括在校学生都不再局限于课程、课堂和既定教材的传统学习方式。21世纪的英语教育形式,正在向"无所不在""随时随地"和个性化的泛在学习转向,英语教育的信息化革命已经悄然来临。

在网络信息化急速发展的情况下,我国大学英语课堂教学存在诸多的变量影响因素,主要包括内部因素、外部因素以及处境因素。内部因素具体包含教师因素、教学理论、元认知因素与教师专业发展。教师本身的成长经历、学习经历属于一种固化因素,其固化体现为不可改变性,能对教师的教育思想以及教育方式等造成重大的影响。在大数据背景下,丰富的资源为教师提供了改革的途径。同时,新技术的出现使学生具有了多种选择,对教师的教育思想以及方式的转变也提出了新的要求。

因此,教育部于2012年3月发布了《教育信息化十年发展规划(2011—2020年)》(以下简称《规划》),制定了2011—2020年间全国教育信息化的建设蓝图。该《规划》在"信息技术对教育具有革命性影响"的思想指引下,强调推进教育信息化体系建设,提出既从教育也从技术的双向角度,全力推进信息技术与学科教育深度融合创新。《规划》指出,教育信息化在对教育起到支撑作用的同时,需要更多强调它对学科教育变革的引领性作用,即教育信息化要革新各学科教育的主流业务,而不是利用教育技术作为各学科教育的一种辅助手段。《规划》强调要利用教育信息化破解长期制约我国教育创新的发展瓶颈,"到2020年,全面完成《国家中长期教育改革和发展规划纲要(2010—2020年)》所提出的教育信息化目标任务,形成与国家教育现代化发展目标相适应的教育信息化体系"。为此需要"加快教育信息基础设施建设",加强优质教育资源开发与应用,"构建国家教育管理信息系统"[①]。《规划》要求教育信息化要与我国教育现代化发展进程相适应,要为我国教育现代化事业做好支撑,成为教育现代化进程中的核心组成部分。《规划》明确教育信息化体系不是单纯的基础设施建设,而是一种总体协调运行的能力体系建构,它不仅包括硬件基础设施,还包括应用软件系统、数字教育资源、管理信息系统、人才队伍、制度保障等全部教育现代化的发展要素。

由此可见,《规划》的核心理念是使信息技术真正进入学科教育并发挥其无可替代的核心作用。为了实现这一战略目标,教育信息化建设就必须告别之前"建网、建库"等以硬件建设为中心的思维定式,善于利用既有网络信息技术环境和共享服务资源,实现学科教育的变革与创新。"'以硬件为中心'引领的思路是首先建设硬软件,然后为了推动硬软件的使用,再配套资源、开展培训、调整制度、开展服务等,而'以应用为核心'的思路则是先调研实践应用以及人的发展需求,围绕需求问题的解决……形成实际问题解决的能力体系"。毫无疑问,英语教育改革也需要"关注推进信息系统从孤立走向连接与整合……实现从独立系统到集成化的综合服务的转向",需要"从关注个别学校的实验转向推进整体区域

---

① 国家中长期教育改革和发展规划纲要工作小组办公室.《国家中长期教育改革和发展规划纲要(2010—2020年)》[M]. 北京:人民出版社,2010.

的规模质量效益,从关注技术教育应用的表面转向各学科教学质量和促进学生学习质量的实际提高,从关注短期行为转向关注可持续发展"。

总之,从教育实际出发研究英语教育规律,我们不难认识到,面对信息技术时代扑面而来的优质英语学习资源和共享开放的在线课堂,英语学科教育的信息化诉求正日趋强烈,传统英语教育的功能性质必然发生革命性的转变。

第二节 信息技术在大学英语教学中的应用

一、大学英语教学现状

(一)英语师资力量不足,部分教师教学方法陈旧

近年来,高校招生规模在不断扩大,但是伴随学生人数的增长,教师数量远远不及学生的增长速度,因此,出现了教师短缺的现象。各高校为缓解这种现象,想出多种办法:有的是采用大班授课,有的是招聘新教师,还有的是聘用在校研究生和博士生。弊端是,外聘教师没有接受过专业的教学培训,没有教学经验,达不到良好的教学效果。

尽管很多高校相继引进了多媒体网络信息技术,但很多英语教师依旧习惯用传统的授课教学方式,有的甚至教室里配备了多媒体设备,教师也很少使用到或者是根本不会使用。英语教师的陈旧的教学理念会直接影响网络多媒体技术在大学英语课堂上的推广和应用。所以,信息技术有效应用在大学英语课堂,英语教师就要转变传统的教育理念,积极接受新理念,学习新技术,让信息技术更好地服务于英语教学。

(二)学生英语水平参差不齐,对教师的综合能力有一定的要求

高校扩招后,学生英语水平参差不齐、差距大,有些学生连基本的发音都不能把握,有些则听、说、读、写能力很强。英语教师在课堂授课中很难把握课程的进度与教学的深浅。加之大多数大学英语课堂采取大班授课模式,很难对学生因材施教,难以保证教学质量。

网络多媒体辅助英语教学是英语教学的一大跨越,同时也对大学英语教师提出了新的要求,不仅要求教师具有较高的英语水平和教学技能,而且要求教师掌握一定的计算机技术。

(三)教学条件差,教学设备落后

有的高校的教学硬件设备相对落后,教学条件差,多媒体教室比较少,大部分还是采用课堂授课的方式，仅有的多媒体教室、语言实验室、语音实验室仅能供英语专业的学生使用，其他专业的学生基本没有机会接触到这些设备，也体会不到多媒体网络信息技术辅助课堂教学所带来的好处。可见，教学条件差、教学设备更新缓慢已经成为制约英语教学的一大因素。

（四）传统授课模式为主，网络授课技术不成熟

由于教学条件的限制，高校普遍采用的仍是传统的授课模式，仍是以"教师讲，学生听"为主的"填鸭式"教学模式，这种陈旧的教学模式已经不适应当今的人才培养目标。随着世界经济的全球化，社会对毕业生的需求也发生了相应的变化，对毕业生的英语水平也提出了新的要求，不仅需要能读懂或者看懂英语的人才，更多的是需要能够熟练用英语进行交际的高素质、复合型人才。因此，对大学英语教学而言，除了传授学生基本的语言知识外，还应该积极、广泛地应用网络多媒体技术，开阔学生视野，把教学模式转变为以学生为主、注重学生英语实际应用能力培养的新的教学模式。

（五）学生尚未完全适应新的教学方式

大部分学生在初、高中阶段所接受的都是传统的英语教学，主要是以教师讲解、板书和学生记笔记为主要行为，很多学生已经习惯这种传统的教学模式。进入大学后，许多学生面对陌生的网络多媒体教学模式感到无所适从。尽管网络多媒体的多种优势学生也能感受到，比如生动、直观、形象、具体和信息量大等，但很多学生面对大量的多媒体信息，感到抓不住其中的重点和精髓。由于习惯于初、高中的填鸭式教学模式，很少接受多媒体教学的训练，学生在主动参与的过程中找不到目标和重点，不知道如何寻找适合自己的信息资源和相关联系，不清楚如何才能充分利用网络教学资源，慢慢就失去了学习的兴趣。因此，学生适应网络多媒体辅助英语课堂是需要一定的时间的。学校可以组织教师进行相关讲座，让学生了解如何正确使用网络多媒体资源。

二、信息技术在大学英语教学中的应用

（一）课程设置

各高校应该根据自己的办学特点、学科优势、师资以及软硬件配套现状设计出具有鲜明特色的大学英语课程体系。无论是综合英语类、语言技能类、语言文化类还是专业英语类的必修及选修课程，都需要充分考虑听说能力的培养。听、说是构成语言能力的技能部分，是完全内化后语言技能的显性体现。学生和教师的交流以及学生之间的英语交流会受

到范例不足导致语音不标准或者语用不得体的现象发生。因此,为了提高听、说技能,各高校在课程设置上应相对弱化教师讲授所占的比重,大量使用先进的信息技术,尽可能地营造真实的听说环境无疑成为一种最佳的选择。

(二) 教学模式

传统的教学模式是以单一的教师讲授为主,新时期的高等教育大力倡导以现代信息技术和网络技术为支撑,采用基于课堂和计算机的两种模式。基于课堂的教学模式最突出的特点是比较适合读、写、译三种技能的培养和提高。采用计算机的模式多可在学生自学并辅之以教师辅导的教学环境下,逐步培养学生的听、说、读、写、译五项技能。而且该模式的优点是可以直接作用于听、说两种技能,并为其余三种技能创造信息化环境。例如无纸化阅读和电子输入,从而使广大学生不仅提高了语言文化知识技能,而且全方位培养了适应信息时代全新的学习和工作的能力。有学者也提出过计算机和课堂两种模式的混合,该模式是硬件教育资源充分配置下基于计算机和课堂两种模式的多元融合,可以确保不受时间和空间限制,进行英语五项技能的立体化教学。

(三) 教学评估

教学评估一方面是检验教学质量、获取反馈信息的重要依据,同时也是改善教学方法、调整教学策略、提高教学水平的有效手段。它既对学生的学习进行评估,又要对教师的教学进行评估。信息技术在教学评估中比较适用于对学生学习的形成性评估。在学生的自主学习阶段,实施计算机和课堂的教学模式,综合完善的教学管理软件和流畅开放的计算机网络有助于实时形成大学生自主学习记录、及时建立学习档案,并且为教师提供动态客观的第三方监控,最终形成评估结论。在对学生的终结性评估以及对教师的评估中,信息技术有助于教学实施者建立完备的评估结论档案体系,在技术上为语言教育研究者和教育行政管理者提供统计上的便利,以利于更深层次地发掘评估结论和教学过程的内在关联,以促进行政管理和教学实践的互补协调。

(四) 教学管理

教学管理贯穿于大学英语教学的全过程。基于计算机和网络的大学英语教学及管理软件,将一切在教学和管理中形成的文件以电子的形式自动建档和归类,使得相关责任主体和学习主体能够不受时空限制,随时查阅。在基于计算机和局域网的教师讲授和学生自主学习中,教师不必走到学生中间去一一观察或管理,这样可以降低教师作为观察者对学生心理状态的干扰,同时教师又可以实现实时、客观与动态的后台管理工作。在基于因特网的远程学习和第二课堂中,信息技术就更能发挥其良好的管理功能,在线互动、收发作业、知识信息的电子传输、学习效果反馈等均可以通过网络课程软件得以实现。辅之以信息技术这一利器,教学管理者以在线培训等方式不断强化对教师的培训,进而提高教学团队的整体水平。

三、信息技术在大学英语教学中的作用

(一)转变教学观念,改进教学方法,开展信息化教学

在传统教学模式下,教师处于中心地位,学生处于被动接受状态,这种陈旧的英语教学模式已跟不上时代发展的步伐,不能满足人才培养的需求。大学英语教师必须转变教学观念,接受新事物、新技术,积极学习网络多媒体技术,深刻了解网络多媒体技术应用于大学英语课堂为英语教学带来的变革性影响。积极利用网络多媒体技术进行课堂教学,改进教学方法,积极探索新的教学模式,力求使多媒体信息技术更好地为英语教学服务。

信息技术在大学英语教学中的应用不仅是教学方法和教学手段的变化,而且是教学理念的转变。教师是知识的讲授者和传播者,教学的目的是培养学生掌握新知识、新技能,学生是大学英语教学中的对象和主体。大学英语教学效果应以学生的学习效果为依据,而学习效果在很大程度上取决于学生主体性的充分发挥。主体性要求教师把学习的主动权交给学生,给他们自主学习的时间与空间。所以应当摒弃以教师为中心、单纯传授语言知识和技能的教学思想和实践,进而转向以学生为中心,既传授语言知识与技能,又注重培养语言实际应用能力和自主学习能力的教学思想和实践,使得教学以培养学生终身学习能力为导向,逐步实现终身教育。

信息技术最终需要应用于教学实践中,只有这样,才能发挥其服务于大学英语教学,改变教学模式,培养学生自主学习能力,提高综合文化素养的作用。首先,可以在课程设置时充分考虑高校现有的信息化软、硬件环境,设计出符合自己办学特点的大学英语课程体系。其次,在教学模式上应充分利用现代信息技术,采用基于计算机和课堂的英语教学模式,改进以教师讲授为主的单一教学模式。体现大学英语教学实用性、知识性和趣味性相结合的原则,从而调动教师和学生两个方面的积极性,尤其要体现学生在教学过程中的主体地位和教师在教学过程中的主导作用。再次,在教学评估中,加大对现代信息技术的利用,以及以此为依托的评估结果所占的比重。最后,在教学管理工作中,可以开发综合性的教学管理软件,以便于各类教管文件的存档管理、教学活动的动态监控、教师的在线培训等相关活动的开展。

(二)改革评价方式,关注学习过程

评价方式是教学中的重要环节。大学英语教学要求我们改革评价方式,关注学生学习

过程中的情感态度、学习方法、实践能力等综合因素，对学生实现全面、客观、科学的评价。信息技术在大学英语教学中的应用，能够赋予教学评价更多的指导作用和教育意义，实现以评促学。例如，教师可以利用网络教学平台的存储功能，为每个学生建立"个人作品集"，将学生的课堂表现和课后作业以音频、视频或图片的形式存储起来，使学生发现自己在英语学习中的长处与不足，看到自己的成长与进步，从而对学生进行过程性评价和激励性评价，使学生通过评价体会学习英语的乐趣，提高英语教学的效率。

（三）架构信息化教学环境，加强网络资源库建设

一方面，配备计算机，建设计算机辅助教学语言实验室，架设局域网络，开放与因特网的连接端口是信息技术应用于大学英语教学的物质基础，也称作硬环境建设。一般来讲，高校在架构设备设施时，应处理好办学特点、投资成本、利用效率三方面的关系。在投入之初，应当积极开展专家论证、教师调研、实践考察等多种活动，以设计出符合本校办学特点、节约资金且又能发掘其最大功效的硬件体系。另一方面，开发和建设各种基于计算机和网络的教学软件以及网络课程是信息技术应用于大学英语教学的技术保障，也称作软环境建设。软环境建设也需考虑以上多个方面因素，通常可以采用独立软件开发和开放式软件采购的方式。前者适用于统筹有自己办学特色的各种硬件设备，使之能够高效协同运作。这一类软件的开发不会耗费大量的资金，且能充分考虑到各高校的硬件现状以及教师的使用习惯，极具个性化特征。后者主要指与教材相匹配的各种教学软件、网络课程以及与之相适应的评估和管理软件。由于这类软件多基于教材，具有很强的专业性，依靠某个高校内的成员是很难完成的，因此这类软件多由国家教育经费支持，综合全国专家和技术人员共同设计配套开发，各高校只需直接购买即可。

完善的网络多媒体信息设备是信息技术辅助英语教学的先决条件，学校有关部门应该积极筹集资金建立多媒体教室、语音室，搭建稳定的校园网络平台，以保证英语教学的顺利进行。此外，学校还要配备相关的技术人员负责校园网络的维护和多媒体使用的指导工作。

网络资源库是用信息技术辅助英语教学的必要条件之一，只有丰富的、多样化的网络多媒体资源才能满足教师教学的需要。因此，学校应该组织有关人员通过讨论研究、深入学生中去，积极制作多样化的多媒体课件。课件制作应该以学生为导向，符合学生认知规律，同时又能充分调动学生学习的积极性和主动性，使学生在轻松愉快的课堂氛围中学习英语，有效地掌握英语基本知识和基本技能。

（四）组建信息化教学管理团队

构建团队是信息技术得以在大学英语教学中高效应用的重要环节。一般来讲包括以下

几个方面的工作：①选择成员。在教师团队里，要兼顾年龄分布、职称结构、操作技能这三方面的因素。管理团队的组建需要将行政管理人员和工程技术人员纳入进来，并且要充分考虑学生人数和教师教辅人数的比例。②明确职能分工。这主要针对教师、教辅及管理人员，其职能分工应与教学目标相匹配。③建立团队运行管理机制。包括日常沟通机制、应急处理机制、奖惩机制、准入和准出机制等。

英语教师是网络多媒体教学顺利进行的关键所在，只有教师熟练掌握多媒体技术，才能在实际教学中运用自如，使网络多媒体技术有效地辅助大学英语教学。因此，学校必须加强对英语教师的信息技术培训工作。首先，学校可以聘请信息技术人员来校举办讲座或者利用寒暑期开办培训班，教授英语教师基本的网络多媒体理论和技能。其次，学校还可以定期派英语教师去其他学校交流学习，学习如何利用网络多媒体技术进行大学英语教学，如何在保证教学质量的同时，增加教学过程的多样性和趣味性。

四、信息技术应用于大学英语教学的优势

（一）有助于调动学生学习英语的积极性

实验证明，人类主要通过听觉和视觉来获取大量的信息，而且通过听觉和视觉获取的信息印象更为深刻。大学英语课堂中使用网络多媒体信息技术可以将图像、声音、文字等信息融为一体，通过人机交互，多方位地刺激学生感觉器官，全面调动学生的听觉和视觉，为学生营造一个轻松愉快的真实场景，有效地激发学生的学习兴趣，调动学生学习的积极性、主动性和创造性。在传统课堂教学模式下，学生都是被动地接受一些抽象的信息，让许多学生失去了学习英语的积极性。而在信息技术辅助英语课堂教学的情况下，传统教学中抽象、枯燥、乏味的信息都通过直观、形象的方式展现在学生眼前，自然有效地调动了学生的主观能动性，这是学生学好英语的前提条件。

（二）有助于学生的个性化发展

在传统的大学英语教学中，无论是教学手段还是教学方法都是单一的，主要是通过教师的口头讲解和纸本教材向学生传递各种语言知识，长此以往，很难刺激学生的学习兴趣，学生的学习行为只是被动的、僵化的，不利于学生的个性化发展，而现在我们可以运用信息技术手段来辅助大学英语教学。通过技术手段，根据教学内容的不同要求，把文字、图形、图像、声音等物理媒体进行组合，即形成多媒体课件，为学生创造一个全新的、多元化的、原汁原味的英语学习环境，让学生充分体会这种语言环境。

在实践教学中，教师可以充分使用信息技术设备，根据学生的不同个性、不同层次，

设置难易不同的学习内容，存储于网络服务器中，学生可以随时调用资源。语言学习环境的建立可以充分调动学生对于语言学习的兴趣和积极性，也可以改变以教师为中心的教学模式，尊重学生在教学中的主体地位，对于学生个性的形成、创造性思维的培养都是极为有益的。对于学生综合素质的形成会产生深远而重大的影响，在大学英语教学中能真正实现灵活多样的个性化的教学。

(三)有助于培养学生的自主学习能力

大学英语课堂中运用多媒体技术辅助英语教学，彻底改变了传统课堂中以教师为中心、学生被动参与的单一教学模式。新型的教学模式以网络多媒体技术为平台，可以使学生主动参与其中，根据自身的情况，自主选择所学习的内容和学习的方式，自由地获取所需的知识和信息，满足自身求知的欲望，极大地调动学生学习英语的积极性，培养学生自主学习的能力。

大学英语教学的目的，不仅仅是向学生传授语言知识，更重要的是培养和提高学生运用英语进行交流的能力。要使英语真正成为信息化和国际化社会必备的工具性知识和交际工具，运用信息技术构建情景式教学环境是教学过程中的一个重要手段。

在教学过程中，利用音频技术和多媒体技术营造出逼真的交际环境让学生产生身临其境的感觉，有助于激发学生的学习欲望，使学生主动参与到教学实践中，由被动变为主动，提高口语表达能力。通过模拟某一国际会议的工作布局和完整流程，能够从感官体验上满足对学生心理上的锻炼；通过嵌入式系统、以太网技术、多通道分组通信实时传输协议等数字技术，满足学生训练时所需的口译训练、翻译训练、译员训练、同传训练、同传会议设置、译员训练设置、通道设置、联机测试、语言学习等功能，使学生的英语技能得到全面的锻炼。通过活泼多样的教学方式，将学与练有机结合起来，对学生英语学习能力的提高会起到事半功倍的效果。

(四)有助于培养学生的跨文化交际能力

在大学英语课堂中使用网络多媒体信息技术，能为学生提供大量的真实语言环境，让学生身临其境，有助于提高学生的跨文化交际能力。以前的英语课堂只是英语教师单纯的授课，学生只能被动地接受语言知识和记忆语言知识，而对于语言这一门特殊的学科而言，缺少了语言环境，语言的学习效果就会大打折扣，语言环境的缺乏也成为学生学习英语的主要障碍之一。而多媒体信息技术能通过大量的图文、动画给学生创造一个真实的语言环境，让学生沉浸在真实的语言情境之中感受英语的魅力，使学生能够真正理解英语语言和文化，培养学生的跨文化交际能力。

第三节 我国高校英语教学信息化现状和发展

一、我国高校英语教学信息化发展历程

语言教学的发展在一定程度上依赖于社会科学技术水平的发展,科学技术的更新迭代成为英语教学手段和方式变革的支撑和依靠。随着技术的进步和设施的更新,英语教学的方式和途径也在持续改进。早在19世纪末,幻灯片就作为一种教学手段被应用于英语课堂教学,英语电化教学从此开始。1920年至1940年,伴随广播、有声电影、录音等信息传播工具的发明和应用,教学工具的面貌焕然一新。至此,英语电化教学进程迈上了新的台阶。1940年以后,欧美国家开始流行英语听说教学法,对电子教学设备广泛应用的需求也应运而生。随后在20世纪50年代,法国在听说法的基础上进一步建立了视听法,该方法借助幻灯片、电影等电化教学设备组织语言学习者进行听说训练,并借此引导学习者在情境中结合听觉形象和视觉形象整体感知英语的声音和结构。接着在20世纪60—70年代,教育领域开始普遍使用录音机、语言实验室和录像设备来辅助英语教学。然后在20世纪80年代,随着计算机研发水平的提升,基于计算机的语言学习材料如雨后春笋般涌现,语言学习者提高自身语言能力的机会也随之出现。将计算机广泛应用于语言学习的实践也因此被不断推广与完善。进入21世纪以后,随着现代信息技术的迅速发展和教育信息化的不断深入,信息技术领域发生了数次创新性变革,英语电化教学也迈入了新的发展领域,即英语信息化教学。它以计算机网络和多媒体为基石,借助快速进步的信息技术,在高校英语教学发展中逐渐处于核心位置。

近30年来,我国高校英语教学一直紧跟时代步伐,进行着持续的改革和发展。其内容涵盖了包括教材、教学内容、教学模式以及教学手段等要素在内的与英语教学相关的全部要素。基于以上发展背景,在21世纪初,我国进行了全国范围的高校英语教学信息化改革。2000年5月,教育部正式实施了名为"新世纪网络课程建设工程"的教育改革项目。2002年12月,教育部高教司下发《关于启动大学英语教学改革部分项目的通知》,启动了针对高校英语的重点教学改革项目:①出台了《高校英语教学的基本要求》;②建构了高校英语网络与多媒体教学体系。次年4月,教育部宣布推进"高等学校教学质量和教学改革工程",将大学英语教学改革纳入"质量工程"四项工作中的第二项,要求将新型信息技术深度融合于英语教学中,以此助推英语教学计算机化改革。2004年2月,教育部又发布了《关于实施大学英语教学改革试点工作的通知》,划定全国180所院校为大学英语教学改革试点学校,后经过多轮比较和测评,最终确定其中31所院校为大学英语教学改革示范点。

2007年6月，又有34所院校经批准成为第二批高校英语教学改革示范点。同年7月，教育部办公厅发布了关于印发《大学英语课程教学要求的通知》，这也标志着高校英语教学信息化改革进入了发展的新阶段。多年的改革，将中国的英语教育引入了全新的征程。信息技术被逐渐地应用于英语教学研究和实践，英语教学模式在信息技术指导下被不断革新，英语教学的信息化也得到了初步的发展。

从2013年起，为了探索有中国特色的教育改革发展之路，教育部提出，教育改革道路的重要基础是制定本科人才培养质量标准。这也是我国教育改革宏观管理的一个重要举措。随着改革的持续深入，高校英语教育逐步从静态的、封闭的、传统型学术教学模式转型为动态的、开放的现代化教学模式。同时，新型信息技术等先进的教学手段也被逐步引入教学过程。《国务院关于印发"十三五"国家信息化规划的通知》和《教育部关于狠抓新时代全国高等学校本科教育工作会议精神落实的通知》等文件提出，要加快完善现代信息技术与教育教学深度融合机制。另外，在教育部发布的《教育信息化2.0行动计划》中也明确提出，开展新技术支持下的教育模式改革，加快建设以信息技术为载体的智能学习空间。英语作为语言类基础学科，贯穿整个教育过程的始终，将信息技术与英语教学整合将持续成为贯彻国家"教育信息化"的重要举措。因此，今后一段时间，利用现代信息技术推动学科交叉融合发展、培养英语类人才的方式，将在高校英语教学研究中发挥重要作用。

二、信息化时代给高校英语教学带来的机遇与挑战

信息化借助网络信息技术的快速发展，其影响范围迅速遍及我国各个领域。在改革的实践中，许多新型信息化教学模式和方法相继出现，为高校英语教学带来了新的机遇。

第一，借助信息技术，教学模式呈现多元化发展。2016年，教育部在颁布的《大学英语教学指南》（以下简称《指南》）中指出，大学英语课程应服务于学校的办学目标、院系人才培养的目标和学生个性化发展的需求，并促进大学生知识、能力和综合素质的协调发展。这是一个集个性与开放于一体的改革目标。基于《指南》，高校可以从学校类型、生源情况、办学定位及人才培养目标等角度出发，制定出符合自身特色的英语教学目标和教学要求。因此，大学英语不再是一种整齐划一的教学，它可以有丰富的教学资源、多层次的教学评价、多种形式的教学方式、多样化的教学内容、多维度的教学目标。不同高校的教学也因自身教学要求、教学目标的不同而呈现多元化的发展。

第二，课堂教学改革已经具有扎实的理论基础和丰硕的教学实践成果。目前，有许多英语教师和相关学者已经将移动App、网络教学平台、人工智能和虚拟仿真等信息化技术融于英语教学。且在经过周期性的课程改革试验后，收获了丰硕的教学成果。基于新兴信息技术的课堂教学模式利于实时跟进教学实践，动态鼓励师生互动，反馈学生的学习进程，激发学生的探索精神，提高学生的英语素养和英语语言运用能力。

但是，我国的教育信息化还处于起步阶段，仍有许多亟待解决的问题。

第一，从英语教师角度出发。首先，大部分高校英语教师缺乏与英语教学相关的信息技术理论知识和实践操作技能。因此，他们需要及时充分地掌握信息技术（如熟练地制作教学平台、收集网络教学资源等），为学生建立信息化学习环境，从而达到双向反馈目的：既可以及时了解学生的学习进度，解决他们在学习过程中遇到的问题，又可以在此基础上做出更有针对性的辅导。其次，信息化教学对教师的学科知识水平和师生互动能力有较高的要求。在信息化教学中，在课前，教师需要指导学生提前了解知识，组织他们利用微课、线上平台等工具开展自学，提前完成知识的初步传递；在课内，教师需要发挥脚手架的作用，对学生进行知识引领、答疑解惑，解决他们在课前自学中产生的问题，引导他们进行课堂讨论和思辨，完成知识的核心传递和内化；在课后，教师需要评价学生的课后任务，解决学生在课堂上遗留下来的问题，完成知识的探究和巩固。课前、课内、课后三个阶段对高校英语教师自身学科知识和教学能力都提出了相当高的要求。因此，教师需要在不断地学习中完善自己，以顺应信息化时代对大学英语教师的要求。

第二，从学生角度出发。在传统的课堂上，中国学生一直以听众的角色存在。但是在信息化课堂，他们需要调动学习的自觉性和主动性，转变自己的角色，从被动的听讲者转变为主动的学习者。只有转变学生的角色，激发他们学习的积极性，大学英语课堂才能符合信息化教学的要求，使英语教学更见成效。

综上，目前信息化已进入发展的新阶段，高校英语教师在整个教学过程中必须完成教学目标的设计、教学模式的建构、教学方法的选择、教学步骤的安排。首先，为了满足国家和社会对英语人才的要求，使高校学生的培养符合市场的需求，高校英语教师应该发挥应有的角色和作用，深化对语言教学规则和教学设计的理解；还需结合高校学生学习需求及学习心理的特征制订一贯而终的教学策略，选择最为合适的方法完成特定的教学任务。其次，教师要选择最符合教学内容的信息手段和信息化语料创设英语语境，激发学生的语言学习和交际欲望。再次，在互动方面，在信息化的课堂中不仅要重视学生与教学媒体以及教学内容之间的作用，还要重视师生合作、生生合作、讨论和启发之间的密切联动。最后，在学习评价方面，教师已不再是信息制造和解答的主角，而是合理调动、组合各种媒体资源的中和剂。教师需要熟练掌握和运用现有的教育技术手段，还需要建立起多元的技术评价系统，确保信息技术手段的使用能够有效帮助学生提升对英语的理解和掌握能力。在信息化背景下，高校学生应该掌握一定的信息技术工具的使用，如移动 App、教学平台等。同时，学生应具备一定的信息资源获取能力，具备自主学习的欲望和求真探索的积极性，更好地配合教师实行信息化教学、实现英语教学的信息化改革。

第二章 信息化背景下信息技术与大学英语课程整合

信息技术与课程整合尽管在我国已开展多年，但不少教师仍对此缺乏正确的认识。有些教师把信息技术与课程整合看作是现代化教学的一种工具、手段，或是更有效地学习信息技术的一种方式。更多的教师则是把信息技术与课程整合和计算机辅助教学完全等同起来，认为只要在课堂上运用了多媒体或是课件就是在进行信息技术与课程整合。这种看法反映出广大教师对信息技术与课程整合的内涵和实质缺乏了解，也表明他们对于实施信息技术与课程整合的途径与方法缺少了解和掌握。基于此，本章对信息化背景下信息技术与大学英语课程整合进行研究。

第一节 信息技术与课程整合

何克抗教授指出，任何一种关于信息技术与课程整合的理论都必须回答以下三个问题：

一是信息技术与课程整合的目标（意义）是什么？
二是信息技术与课程整合的内涵（实质）是什么？
三是信息技术与课程整合的方法（途径）是什么？

只有对上述几个方面的问题做出科学的回答，并且能够通过教学实践的检验，才能达到深层次整合的要求。下面将从这三个方面，对信息技术与学科课程深层次整合的理论与方法进行探讨。

一、信息技术与课程整合的目标与内涵

（一）信息技术教育应用的发展

自 20 世纪 50 年代末研究出第一个计算机辅助教学系统以来，信息技术教育应用在发

达国家大体经历了三个发展阶段。

从20世纪60年代初至20世纪80年代中期，被称为"计算机辅助教学阶段（CAI）"。这一阶段主要是利用计算机的快速运算、图形动画和仿真等功能辅助教师解决教学中的某些重点、难点。这些CAI课件以演示为主，这是信息技术教育应用的第一个发展阶段。在这一阶段，一般只提计算机教育，还没有提出信息技术教育的概念。

自20世纪80年代中期至20世纪90年代中期，为"计算机辅助学习阶段（CAL）"。此阶段逐步从辅助教为主转向辅助学为主，强调如何利用计算机作为辅助学生学习的工具，如用计算机搜集资料、辅导答疑、自我测试以及安排学习计划等。这个阶段不仅用计算机辅助教师的教学，更强调用计算机辅助学生自主学习，是信息技术教育应用的第二个发展阶段。在这一阶段，计算机教育和信息技术教育两种概念同时并存。应当指出的是，我国由于信息技术教育应用起步较晚，目前大多数高校的信息技术教育应用模式仍然主要是CAI阶段，即计算机辅助教学阶段。

信息技术与各学科课程的整合是从20世纪90年代中期开始的，被称为"信息技术与课程整合阶段"。至此，信息技术教育应用进入第三个发展阶段。这一阶段以信息技术应用于教学为显著特征，教学模式发生了重大变化。在这一阶段，原来的计算机教育（或计算机文化）概念已完全被信息技术教育所取代。信息技术与课程整合，是当前国际教育界非常关注的一个研究课题。

（二）信息技术与课程整合的目标

信息技术与课程整合，不是把信息技术仅仅作为辅助教或辅助学的工具，而是强调利用信息技术营造一种新型的教学环境，该环境应能支持情景创设、启发思考、信息获取、资源共享、多重交互、自主探究、协作学习等多方面要求的教学方式与学习方式，即实现一种既能发挥教师主导作用又能充分体现学生主体地位的、以"自主、探究、合作"为特征的教与学方式，这样可以把学生的主动性、积极性、创造性较充分地发挥出来，使传统的以教师为中心的课堂教学模式发生根本性变革。教学模式变革的主要标志是师生关系与师生地位作用的改变，这种改变使学生的创新精神与实践能力的培养真正落到实处，而这正是我们的素质教育目标所要求的。

西方发达国家把信息技术与课程整合看成是培养21世纪人才的根本措施，而21世纪人才的核心素质则是创新精神与合作精神。信息技术与课程整合是培养创新人才的重要途径乃至根本措施，其所要达到的目标就是要实现创新人才的培养。这既是我们国家素质教育的主要目标，也是当今世界各国进行新一轮教育改革的主要目标。

（三）信息技术与课程整合的内涵

通过以上对"信息技术与课程整合目标"的分析可以看到，我们对整合目标的确定，是首先从分析信息技术与课程整合的性质、功能入手的，在把握信息技术与课程整合本质特征的基础上推导出其目标。因此只要稍加精炼与加工，我们就完全有可能从上述关于整合目标的分析过程中，引申出关于信息技术与课程整合的定义或内涵。

这一定义或内涵可以表述为：所谓信息技术与学科课程的整合，就是通过将信息技术有效地融合于各学科的教学过程来营造一种新型教学环境，实现一种既能发挥教师主导作用又能充分体现学生主体地位的以"自主、探究、合作"为特征的教与学方式，从而把学生的主动性、积极性、创造性较充分地发挥出来，使传统的以教师为中心的课堂教学模式发生根本性变革，从而使学生的创新精神与实践能力的培养真正落到实处。

由这一定义可见，它包含三个基本属性：创设新型教学环境、实施新的教与学方式、改革传统的教学模式。新型教学环境的建构是为了支持新的教与学方式，新的教与学的方式是为了改革传统的教学模式，改革传统的教学模式则是为了最终达到创新精神与实践能力培养的目标，如创新人才培养的目标。可见，"整合"的实质与落脚点是改革传统的教学模式，即改变以教师为中心的教学模式，创建新型的、既能发挥教师主导作用又能充分体现学生主体地位的"主导—主体相结合"的教学模式。

"环境"这一概念含义很广，教学过程主体以外的一切人力因素与非人力因素都属于教学环境的范畴。所以，上述定义就信息技术在教育领域的应用而言，和把以计算机为核心的信息技术仅仅看成工具、手段的CAI或CAL相比，显然要广泛得多、深刻得多，其实际意义也要重大得多。CAI主要是对教学方法与教学手段的改变，没有出现新的学习方式，更没有改变教学模式，所以它和信息技术与课程整合二者之间绝不能画等号。但是，在课程整合过程中，会将CAI课件用于促进学生的自主学习，所以"整合"并不排斥CAI，其目的是运用CAI课件作为提供学生自主学习的认知工具与协作交流工具，这种情况下的CAI只是信息技术应用于整个教育过程的一个环节、一个局部。而传统的以教师为中心的计算机辅助教学是把CAI课件作为辅助教师突破教学中的重点与难点的直观教具、演示教具，这种情况下的CAI就是信息技术应用于教育的全部内容。可见，对这两种教学情景下CAI课件的运用，其应用方式和内涵实质都是不一样的。

目前从全球教育的发展趋势看，信息技术教育应用逐渐进入第三个发展阶段，即信息技术与课程整合的阶段。进入这一阶段后，信息技术就不再仅仅是辅助教或辅助学的工具，而是要通过建立新型教学环境和教与学的方式，从根本上改变传统的以教师为中心的教学模式，以培养学生的创新精神与实践能力为教学目标，即大批培养创新人才的目标。

二、信息技术与课程整合的途径与方法

信息技术与课程整合对我国当前教育深化改革具有重要意义。就高等教育而言，我国教育信息化的硬件设施有了很大的发展，高校的校园网络建设基本上已经在全国范围内普

及。有关专家指出,目前我国大学校园网90%以上只用于科研方面的资料查找,而没有其他的教育教学应用;在其余10%科研以外的应用中,有一部分用于教育行政管理(如学校办公系统、电子图书馆、学生成绩统计等),另有一部分用于辅助教学(一般都停留在多媒体课件+ PowerPoint 的浅层次运用)。真正能在某些学科教学中,通过开展信息技术与课程的有效整合实现教育深化改革的高校为数并不多。如何运用信息技术环境(尤其是网络环境)来促进教育深化改革,改变传统的以教师为中心的教学模式、形成"主导—主体相结合"的新型教学模式,是关系到提升高校的学科教学质量与效率的问题,也是中国教育信息化、科学化的关键问题。

目前国际上普遍认为,只有通过信息技术与课程的有效整合才有可能解决上述问题。信息技术与课程整合的理论必须对信息技术与课程整合的目标、内涵、方法三方面的问题做出科学的回答,以整合途径与方法,这是信息技术与课程整合理论中最关键的问题。有关专家指出,信息技术与课程的有效整合意味着数字化的学习,而数字化的关键是将数字化内容整合的范围日益增加,直至整合整个课程并应用于课堂教学。当具有明确教育目标且训练有素的教师把具有动态性质的数字内容运用于教学的时候,它将提高学生探索与研究的水平,从而有可能达到数字化学习的目标。为了创造生动的数字化学习环境,学校必须将数字化内容与各学科课程整合。

美国教育技术 CEO 论坛的第三年度(2018年)报告提出进行有效整合的步骤和方法如下:

(1)确定教育目标,并将数字化内容与该目标联系起来;

(2)确定课程整合应当达到的、可以被测量与评价的结果和标准;

(3)依据上面第二条所确定的标准进行测量与评价。

根据以上步骤,按照评价结果对整合的方式做出相应的调整,以便有效地实现教学目标。但是应该指出,这样的步骤和方法既不涉及"整合"的指导思想,又不涉及"整合"的教学设计、教学资源与教学模式,对教师而言在实际的操作中会有困难。

从事信息技术教育的学者普遍认为,信息技术应用于教学主要是在课前与课后,包括资料查找以及在学生与学生之间、学生与教师之间进行交流与合作,而课堂教学过程的几十分钟里一般难以发挥信息技术的作用,还是要靠教师言传身教。信息技术应用于课前,是指教师利用这种方式在课前将讲授内容、相关资料、重点难点以及预习要求,事先通过网络发布,使学生在上课前能做好充分准备,若有疑问还可随时和教师进行沟通与交流。基于问题的学习、基于项目的学习、基于资源的学习则属于基于网络的专题"研究性学习"模式。由于这类模式是围绕自然界或社会生活中的真实问题而展开的,往往是多个学科的交叉、多种知识的综合运用,要进行大量的实际调查、访谈或测量,需要花费较多时间,只能利用课外时间来完成,所以不适合作为课堂上的常规教学模式。

我国对整合内涵与本质的认识源于西方的观点,即从创造新型教学环境的角度来理解整合。在各门学科的信息技术与课程整合过程中，坚持新时代中国特色社会主义思想和基本方略，努力找到实现信息技术与课程深层次整合的基本途径与方法。

（一）以先进的教育理念为指导

为了实现上述目标，必须运用先进的教育理论，特别是以建构主义理论为指导。信息技术与课程整合的过程绝不仅是现代信息技术手段的运用过程，还是教育深化改革的过程。没有理论指导的实践是盲目的实践，改革必将失去正确的方向。建构主义理论并非能解决教学中的任何疑难问题，但建构主义所强调的"以学为主"，学生主要通过自主建构获取知识意义的教育思想和教学观念，对于传统教学结构是极大的冲击。除此以外，建构主义的学习理论与教学理论以及建构主义学习环境下的教学设计方法，可以为信息技术环境下的教学，也就是信息技术与各学科课程的整合提供强有力的理论支撑。

（二）以建立新型的教学模式为中心

在分析信息技术与课程整合定义与内涵的过程中曾经指出，"整合"的实质与基础是变革传统的教学模式，即改变以教师为中心的教学结构，创建新型的既能发挥教师主导作用又能充分体现学生主体地位的"主导—主体相结合"教学模式。这就要求教师在进行课程整合的过程中，密切关注教学系统四个要素（教师、学生、教学内容、教学媒体）的地位与作用。通过课程整合，使这四个要素的地位与作用发生相应的改变，并深入思考以下问题：改变的程度有多大，哪些要素改变了，哪些要素没有改变，没有改变的原因在哪里。这些问题正是衡量整合效果与整合层次深浅的主要依据。

（三）坚持"学教并重"的教学设计理论

目前流行的教学设计理论主要有"以教为主"的教学设计和"以学为主"的教学设计两大类，后者也称为建构主义学习环境下的教学设计。由于这两种教学设计理论均有其各自的优势与不足，所以最好是将二者结合起来，形成优势互补的"学教并重"的教学设计理论。这种理论既重视发挥教师的主导作用，又充分体现学生的主体地位。在运用这种理论进行教学设计时，以计算机为核心的信息技术，包括多媒体和计算机网络技术在内，不单单是辅助教师教课的形象化教学工具，更是作为促进学生自主学习的认知工具与协作交流工具。建构主义学习环境下的教学设计理论，能在这方面发挥重要的指导作用。

（四）重视教学资源的建设

丰富而高质量的教学资源是实现课程整合的必要前提，是学生自主学习、自主发现和自主探索的必不可少的条件，也是改变教师主宰课堂、学生被动接受知识这种状态的要求。缺少了这个前提,新型教学模式的创建便无从说起,创新人才的培养也无法实现。教学资源的建设要求广大教师努力搜集、整理和充分利用互联网上的已有资源(免费教学软件等),在确实找不到理想的与学习主题相关的资源的情况下,教师才有必要自己去进行开发。

(五)注意结合学科的特点

新型教学模式的创建要通过全新的教学结构来实现。教学结构属于教学方法、教学策略的范畴,但又不完全等同于教学方法或教学策略。教学方法或教学策略一般是指教学上采用的单一的方法或策略,而教学结构则是指两种或两种以上教学方法或教学策略的稳定组合。在教学过程中,为了实现某种预期的效果或目标,创建新型的教学模式,往往要综合运用多种不同的方法与策略。当这些教学方法与策略的联合运用总能达到预期的效果或目标时,就成为一种有效的教学结构。能实现新型教学模式的教学结构很多,且因学科和教学单元的内容不同而各异。在实际教学中,教师应结合各自学科的特点,通过信息技术与课程的深层次整合去创建新型的、既能发挥教师主导作用又能充分体现学生主体地位的"主导—主体相结合"的教学模式。这种新型的教学模式的类型是多种多样的,是分层次的。常见的实现信息技术与课程深层次整合的教学模式包括探究性教学模式、专题研究式教学模式、仿真实验教学模式等。探究式教学模式适用于各个学科每一个知识点的常规教学,这种模式可以深入地达到各学科认知目标与情感目标的要求。专题研究型教学模式适用于培养学生解决实际问题的能力,包括发现问题、提出问题、分析问题、解决问题的能力。仿真实验教学模式则适用于物理、化学、生物等课程的实验教学。这几种教学模式均有各自不同的实施步骤与方法,如果能将这几种教学模式灵活运用,将有力地促进信息技术与课程设计的深层次整合。

三、信息技术与课程整合在大学英语教学改革中的实践意义

传统的大学英语教学模式,实质上就是以教师为中心的教学模式。在这种模式下,教学系统中四个要素的关系是:教师是主动的施教者,是教学过程的权威,教师通过口授、板书等方式把语言知识传递给学生;作为学习过程主体的学生,在整个教学过程中主要是听讲、记笔记,处于被动接受状态;媒体在教学过程中主要是辅助教师教课,即用于突破教学中重点、难点的演示教具、直观教具;教材是学生获取知识的主要来源,教师讲这本教材,复习和考试都是依据这本教材。这种教学模式的优点是有利于教师主导作用的发挥,有利于教师对课堂教学的组织、管理与掌控。但是,这一模式的不足就是影响了学生的主动性与积极性的发挥,不能把学生的主体地位很好地体现出来,难以达到理想的教学

效果，这正是传统的以教师为中心教学结构的最大问题。

在教学实践中探索和实践将信息技术与大学英语课程整合的教学模式，将会有助于大学英语教学改革进程的推进，提高大学英语教学的成效。学科教学过程涉及三个教学阶段：一是与课堂教学环节直接相关的"课内阶段"，另外两个是课堂教学环节之外的"课前阶段"和"课后阶段"。因此，从最高层次考虑，信息技术与课程整合的教学模式只有两种，即按照所涉及的教学阶段来划分的"课内整合模式"和"课外整合模式"。

第二节 信息技术与英语课程整合的重点

现代信息技术与英语课程的整合是目前英语教育教学改革的制高点、突破口。首先，学与教的活动要在以多媒体和网络为基础的信息化环境中进行，包括多媒体计算机、多媒体课堂网络、校园网络和互联网络等。学与教的活动包括在网上实施讲授、演示、自主学习、讨论学习、协商学习、虚拟实验、创作实践等环节。其次，要对课程教学内容进行信息化处理，使之成为学习者的学习资源，可以通过教师开发和学生创作，把课程学习内容转化为信息化的学习资源，提供给学习者共享，而不仅仅是教师用来演示；还可以把课程内容编制成电子文稿、多媒体课件、网络课程等，教师用来进行讲授或作为学生学习的资源。充分利用全球性的、可共享的信息化资源，如数字化处理的视频资料、图像资料、文本资料等作为教师开发或学习创作的素材，整合到课程内容相关的电子文稿、课件之中，整合到学习者的课程学习中；还可将共享的信息化资源与课程内容融合在一起，直接作为学习对象，供学生进行评议、分析、讨论。最后，利用信息加工工具让学生进行知识重构，利用文字处理、图像处理、信息集成的数字化工具，对课程知识内容进行重组、创作，使信息技术与课程整合不仅只是向学生传授知识，让学生获得知识，而且能够使学生进行知识重构和创造。

一、信息技术与英语教学整合的目标

信息技术与课程整合的宏观目标可概括为"建设数字化教育环境，推进教育的信息化进程，促进学校教学方式和学生学习方式的根本性变革，培养学生的创新精神和实践能力，实现信息技术环境下的素质教育与创新教育，培养有21世纪能力素养的人才"。

（一）在学科教学中渗透信息技术教育，提高师生信息素养

面向素质教育、基于信息技术的课程与教学改革，其根本要点是将培养和发展人的信

息素养作为渗透素质教育的核心要素。信息技术与课程的整合是渗透信息技术教育的基本途径。今天，基于知识与信息的新经济形态已经崭露头角，以多媒体计算机和网络为代表的信息技术取得的飞速发展使"21世纪是知识信息的时代"成为共识。面对新世纪的挑战，为了实现教育的跨越式发展，我们必须将迅速提高青少年的信息素养作为渗透整个素质教育的核心要素，将信息素养的培养融入教材、认知工具、网络以及各种学习与教学资源的开发之中，以形成人对信息的需求，培养人查找、评估、有效利用、传达和创造具有各种表征形式信息的能力，并为此拓展对信息本质的认识。

(二)完善拓展课程的学习内容，为多种专业人才的培养打下基础

通过信息技术与课程的整合，可以充实、完善、拓展、提高课程的学习内容，以实现从单一学科知识作为课程内容向逐步形成以高新技术为主体的综合知识型课程内容的转变，提高学生的学习兴趣，同时培养学生终身学习的态度和毅力，使之具有主动吸取知识的愿望并能付诸日常生活实践，将学习视为享受，而不是负担；能够让学生独立自主地学习，能够自我组织、制订并执行学习计划，能控制整个学习过程，对学习进行自我评估，从而为社会发展所需要的各种人才的培养打下基础。

(三)培养学生的自我适应、自我生存能力

在信息时代，知识量剧增，知识成为社会生产力、经济竞争力的关键因素；知识的更新速度加快，有效期缩短。另外，知识的高度综合性和各学科间相互渗透，出现了更多的新兴学科、交叉学科，由此带给人们难以想象的社会生活、经济生活、政治生活和人类一切领域内深刻而广泛的冲击和影响。在这种科学技术、社会结构发生剧变的大背景下，自我适应能力、自我生存能力变得至关重要。学校教育中，这些能力可以通过综合学习、研究性学习予以培养。在综合学习、研究性学习中，信息技术的应用占有十分重要的位置，而信息技术与课程的整合是当前综合学习的主要形式。

综上所述，整合的目标是促进英语学科的教学质量，促进英语学科教学目标的实现。也就是说，整合追求的是促进英语学科的教学质量，提高学生学习英语的效果和效率，而不是技术方面的目标。英语课程的总体目标是培养学生的综合语言运用能力。而综合语言运用能力的形成建立在学生语言技能、语言知识、情感态度、学习策略和文化意识等素养整体发展的基础上。整合目标对学生的基本要求为：有较明确的英语学习动机和积极主动的学习态度；能听懂教师有关熟悉话题的陈述并参与讨论；能就日常生活的各种话题与他人交换信息，并陈述自己的意见；能读懂相当水平的读物和报纸、杂志，克服生词障碍，理解大意；能根据阅读目的运用恰当的阅读策略；能根据提示起草和修改小作文；能与他人合作，解决问题并报告结果，共同完成学习任务；能对自己的学习进行评价，总结学习

方法；能利用多种教育资源进行学习，进一步加深对文化差异的理解和认识。整合就是要将信息技术的应用"毫无痕迹"地融合在课堂教学中，促进更好更快更多更省地完成上述任务和要求。只有在此基础上，才能追求发展性的培养目标（培养和提高学生的信息素养，不仅限于技术操作），将发展性目标统一在基础性目标的实现过程中，并与之协调发展，而不能本末倒置。

二、信息技术与英语教学整合的前提

整合要结合英语学科特点和学生心理特点。在整合的过程中，要依据英语学科特点和学生生理、心理特点剪裁和组合信息技术，安排课堂内容结构，运用教学策略和设计活动等。首先，英语课程的学习是学生通过英语学习和实践活动，逐步掌握英语知识和技能，提高语言实际运用能力的过程，其中，听、说、读、写是一个有机整体。因此，在课堂中，我们应该改变传统的过多重视语法和词汇知识讲解的做法，采用任务驱动的途径，把听、说、读、写、译的各种技能结合起来，并把它们统一在具体的问题和任务中，让学生在做中学、在做中用。其次，根据对英语学习认知过程的分析设计课堂教学的各个环节、步骤和活动。利用信息技术激发学生的兴趣，用任务调动学生的探究热情，用个性化的学习让学生独立思考，用协作学习让学生进行交流、运用和建构。当然，我们还要尝试着根据学生爱说爱动、善于模仿、记忆力强，有强烈的竞争意识和表现欲，喜欢将学到的语言材料随时运用到对话、叙述和表演中的特点，设计开展丰富多彩的课堂交际活动，以便学生边学边练，学用结合，使所学语言材料能够在运用中获得巩固和提高。

三、信息技术与英语教学整合的条件

整合是需要条件的，要在以多媒体和网络为基础的信息化环境中实施。它不同于过去研究的视听技术支持下的多种媒体在教学过程中优化组合应用的整合，而是指学与教的活动要在信息化环境中进行，包括多媒体计算机、多媒体课堂网络、校园网络和互联网络等。当然，不应是为了用技术而用技术，而应在现有的条件下，充分发挥信息技术的优势为学生创造出理想的学习环境，促进教学方式、学习方式和教学结构等的一系列转变。实践证明，信息技术在英语教学中有以下优势。

（一）语言学习环境自然、真实

信息技术能够创设自然而真实的语言学习环境。集成性是多媒体技术的关键特性之一，它可以将文字、声音、图形、动态图像有机地集成在一起，并把结果综合地表现出来。与课本、录音带等教学媒体相比,多媒体计算机能提供更为真实、更接近自然的语言输入,提供情景性更强、更生动活泼的语言教学,从而激发学生的兴趣和学习动机。再加上多媒体技术与网络的结合不仅可以提供来源和表现形式多样化的英语输入量,而且还可以为学习者创造丰富、自然的目标语环境,让他们在真实的环境中学习和接受挑战性的学习任务,促进学习形态由低投入(被动型)转向高投入(主动型)。这对于学习者发现语言规律、建构自己的语言系统是非常重要的。

(二)丰富的资源有利于自主学习

多媒体与网络能够提供丰富的教学资源,引导学生自主学习。借助多媒体计算机和网络的海量存储,每个学生都能很容易得到比以前任何时候都多的信息。各种新型教学资源补充、扩展了传统的教学资源,使学生获得了更多的学习机会。不仅如此,很多计算机软件还能够提供友好的交互界面,针对语音、听力、词汇、阅读、写作等语言技能提供练习任务,并给予相应的反馈和指导。通过人机对话的方式,学生可以自主地探究学习。这样,一方面可以扩大课堂的信息容量,从而增大训练的广度、密度和深度;另一方面,也有利于因材施教和个别化的教学,更有利于培养学生的学习兴趣,使其找到获取知识的最佳途径,获得最佳的学习效果,这是传统的课堂教学所不能比拟的。另外,超文本技术实现了信息的非线性组织,各种信息之间有丰富的链接,构成了立体的信息空间。因此,学生可以按照自己的思路来学习,以更好地适应每个学生的学习风格和学习进度。借助这一潜在优势,教师和学生可以进行教学演示,让学生通过多种感官获得丰富的体验,而且可以对演示过程进行自主控制;促进知识的直观化和可视化,促进学生对知识的深入加工;获取丰富的、不同类型的信息,丰富、扩展对学习主题的理解;表现自己的感受、知识、见解等。

(三)更好地体现了素质教育

计算机和网络使素质教育在英语教学中得到了更好的贯彻和体现。一方面,在计算机和网络所创设的真实、自然的语言学习环境中,学生不仅满足了个人兴趣,在生动活泼的氛围中感受和体验到了特定的语境和标准的语音、语调,从而更好地把握所学内容,还陶冶了情操,开阔了视野,了解了外国的风土人情和文化,进而提高了跨文化交际能力。另外,在和同伴的直接交流中,还可以发挥创造思维能力和合作能力,让他们充分地学以致用,解决实际问题。另一方面,英语学习是多种感官的协同学习,掌握一门语言必然是听、说、读、写、译诸方面能力的综合运用,计算机和网络不仅可以兼顾这些方面,而且可以达到比传统教学手段更好的效果,从而全面提高学生的素质。

四、信息技术与英语教学整合过程中的误区

(一)缺乏正确的整合观念

有的教师认为信息技术与课程整合就是将信息技术简单地纳入课程中,只要在课程教学中使用了计算机就是整合;有的教师把信息技术与课程整合看作是一种时尚,并不清楚实施信息技术与课程整合是为了什么,只是因为大家都在应用信息技术,或者上级号召应用信息技术而不得不应用;还有的教师只把信息技术与课程整合仅仅看作是现代化教学的一种工具、手段或更有效地学习信息技术的一种方式,认为信息技术与课程整合就是要把信息技术课程与其他学科课程融合在一起,以便学生在学习其他课程时能更有效地学习信息技术,把信息技术与课程整合看作是有效学习信息技术方式的一个典型例子。这些观点显然是不了解信息技术与课程整合的内涵和实质导致的。

(二)直观形象教学与语言教学脱节

信息技术能提供真实的直观形象材料,使学生获得全新充分的感知,但是教师还必须适时加以适当的提示、强调、总结和引导,不能只关注直观材料本身而忽略对学生讲解所展示的视觉材料与教材之间的内在联系。忽略形象材料的辅助性和课文材料文字信息的重要性,造成直观形象教学与课堂语言教学脱节的现象。教师应针对语言教学重点和难点进行教学设计,只有把握好教学内容的深度,合理使用信息技术,才能取得良好的教学效果。

(三)没有把握"适时、适度、适当"原则

"适时"就是运用多媒体时要选择有利于学生掌握重点并使教学达到最佳效果的时机。"适度"就是多媒体的运用要做到既不喧宾夺主地滥用,也不因噎废食而全然不用。"适当"就是多媒体要用在"精彩"之处,用在激发学生学习之处,用在突出重点、突破难点之处,用在利于学生内化教学内容之处。教师要注重发挥多媒体的特点与功能,找准计算机多媒体与教学内容的切入点,合理使用信息技术,以取得良好的教学效果。要确保发挥信息技术的优势和实效,必须依次考虑以下问题:信息技术是否适用于当前教学内容、学习者和教学目标的需要?信息技术在实现当前教学目标方面是否有不可替代的优势,具体体现在哪些方面?如何通过有效的教学策略使潜在优势转变为教学实效?如何消除当前教学中应用信息技术的不利影响?

（四）缺乏科学性地掌握信息技术与课程整合的方法

在整合过程中，个别教师在教学实践中把热情过多地落在具体技术手段上，好像用得少了就不是整合，用不出新招数就不够新颖。这样就使课程教学成了教师不断追求技术创新的表演课。整合的效果是大屏幕代替粉笔加黑板，机器代替人授课，电子教材代替书本。本质上并没有改变传统的教学结构，只是减轻了教师课堂上的工作量，加大了课堂上的信息量，实质是穿"新鞋走老路"。实际上，整合的立足点应当是课程，而不是信息技术。当学生能够选择信息技术工具帮助自己及时地获取信息、分析综合信息并熟练地表达时，信息技术与课程整合才有意义、有效果。

（五）没有把握好整体性原则

在整合课堂教学中，教师应以"以人为本"的课程理念和教学思想为导向，通过教学设计，以符合学科特点和学生学习需求的方式，高效应用信息技术，追求信息技术在促进教学、学习和学生全面发展方面的实效性。信息技术整合的教学设计是一个结构性的系统。因此，教师应把握整体性原则，综合考虑该系统包括的各个要素和环节，包括教师、学生、教学内容、教学目标、教学媒体和方法等，追求信息技术应用与教学方式变革的相互促进。教师必须明确，在整合的课堂教学中，教学策略起着核心作用，教师应追求的是每节课或一系列教学活动在教学、学习和学生发展等方面的实效，而不能过多考虑教学中采用的信息技术的多与少，或者所用信息技术先进与否。

（六）没有掌握信息技术与多种活动方式的综合运用

多媒体与网络技术给教育教学带来了一次深刻的革命，但它并不是万能的，不能代替学生的操作实践等活动，也不能完全取代教师的地位，它只是一个帮助我们认识世界的好工具。我们要避免信息技术应用与其他活动方式的对立，杜绝切断学生与社会、生活实践联系的"全盘信息化"，不能为了用信息技术而剥夺学生的动手实践机会。课堂活动的主要形式不是人机互动而是师生之间、学生之间的互动，因此要充分发挥教师的主导作用和学生的主体作用，让学生自己去加工、整理、呈现信息，以提高他们的主观能动性，创造良好的教学关系。此外，在充分利用现代信息技术的同时，要注重常规媒体与教学手段的有机结合与渗透，以达到事半功倍的效果。

信息技术与课程整合的过程绝不仅仅是现代信息技术手段的运用过程，它必将是伴随教育教学领域的一场深刻变革。既然是一场革命，那么摆在课程改革面前的重要任务就是要努力推进信息技术与学科之间的"整合"。在新的形势下，以新的条件、新的手段、新的教育教学观念、新的视角对学科进行改革。这种改革将在不同层次逐步推进，上至教材大

纲，下至课堂、课外。这种改革带有信息时代的特色，步入一个崭新的阶段，对于每一所学校、每一位教师都是一个机遇、一次挑战。

五、信息技术与英语教学整合的关键

整合就是要建立一种新型的教学结构。在整合中，不是仅仅把信息技术作为辅助教或辅助学的工具，而是强调利用信息技术营造一种理想教学环境，通过教师—学生—信息技术—教学资源有机融合和持续互动，建立起教师主导、学生主体的新型教学结构，以实现一种能充分体现学生主体地位的以"自主、探究、合作"为特征的新型学习方式，切实促进英语教学的改革。这是我们整合的关键。要通过新的师生关系、新的学生关系和新的学习工具，为学生创造大量学习、实践、思考的机会，让学生去发现和利用当前的信息和资源（包括师生、生生、生机之间的互动交流所获得的），并用所学知识和技能解决较为复杂和真实情景中的"开口"和"对话"，让学生真正性地参与到教学过程中，真正地做到"为用而学，在用中学，学了就用"。

第三节 信息技术与英语课程整合的作用

信息技术与英语教学有效整合，有利于充分利用现代信息技术的优势，完成高校英语教学任务，培养大学生英语人才，推动大学生素质教育。这是信息技术与英语教学整合的最初形式，也是最基本的层次。教师利用教学平台或多媒体教学手段编写英语教学内容，用形象生动的英语情境教学激起学生学习英语的兴趣，使高校大学生的英语教学更贴合实际的生活情景。信息技术与英语教学的整合，使计算机代替粉笔、黑板等传统教学媒体，实现传统模式所无法实现的教学功能。

一、促进师生交流

信息技术背景下，教师与学生通过QQ、微信、微博等多媒体交流工具随时随地沟通交流，师生之间的交流达到快速、优质、高效的效果。在信息技术环境下的英语教学模式，改变了传统教学模式下的师生交流。

信息技术、计算机辅助下的师生交流是一种科学、合理、和谐的关系，沟通交流起来更加方便快捷。在信息技术高速发展的前提下，创新高校教育教学模式，重要的还是师生角色的转换，要以学生为中心。学生是课堂的主角，教师指导着整个教学活动的过程，同时也是课堂的组织者，教师要积极研究融合优质课程资源，要学会用多媒体、教学平台、

人工智能进行教学，注重能力教育，改变高校教育方式和教育环境。

二、共享学习资源

互联网信息化时代的到来，使中国的教育信息化从2018年开始了。信息化带动了教育现代化，我国的高校教育全面进入融合和创新的2.0阶段。教育伴随着每一次重大的技术变革发生着变化，工业化时代的教育模式很难适应信息化时代对人才培养的需求，我们要进行教育体制系统的重组和改革。5G、AR、VR的发展，为我们教育提供了强有力的信息技术支持，未来教育是优质资源共享的智能教育时代，智能教材、同步课堂使得优质的教学资源得到了共享，我国慕课的数量和应用规模、资源得到了全世界的认可。

信息技术与英语课程的整合，不仅能使学生学到规范的语言知识，还能通过海量的网络英语学习资源学习到英文文学语言和英语日常用语，提高学生的英语交际能力。

网络信息技术下，人们获取知识的来源出现了多元化趋势，学生可以从多种渠道获取自己想要的知识，远远超出了传统教学模式下的英语教材的范围，学生可以自主、有意义地构建自己的英语知识体系。

三、营造良好的英语学习环境

信息技术与英语课程整合可以打破教与学的空间与时间的限制，具有开放性、灵活性、多元性的鲜明特征，教师和学生可以随时随地依据教与学的需求进行有选择性的学习。

英语教学的目的是学习一种英语语言，我们要学习英语单词、语法和惯用法等，要进行英译汉和汉译英这样的练习，通过不断的练习，让学生复习英语的语法和单词。这是语言教学模式的普遍教学过程。信息技术环境下为英语教学营造出一种良好的环境。调动学生投入到英语学习中来，并逐渐培养英语思维模式，摆脱先将英语翻译成汉语再进行理解的不良习惯；增加语言积累、了解文化背景、熟悉交际技巧、提升听说能力，进而提高对语言进行综合运用的能力；丰富英语教学手段，更好地调动学生的注意力、积极性与自信心，有利于培养学生的想象力与观察力；信息技术与英语教学的结合可以创设与真实场景十分接近的语言情境，为学生进行知识同化创造了条件。

四、有利于培养学生的信息素养

信息技术融入高校英语教育教学过程中，改革创新了高校英语的教学方式，拓宽了高校英语教学的视野，丰富了英语教学的内容和教学资源。学生可以选择自己喜欢和需要的英语学习内容和学习方式，利用碎片化的时间学习英语，学生对学习资源信息进行分析、加工和利用，深入学习英语语言学科，更加贴近英语国家的真实生活，充分了解中西方国家的文化差异，也从实践学习中掌握英语语言的技能，培养学生的信息素养与信息利用素质。

五、培养学生终生学习的态度和能力

当今"终身学习"已经由人们单纯的愿望变成了具体的行动。时势可以铸造英才，时势也可以淘汰庸人，现实迫使人们产生了紧迫感。学会学习和终生学习是信息社会对公民的基本要求。信息技术与英语教学的整合迎合了时代的要求，在培养学生树立终生学习的态度上有独特的优势。这种整合使得学生具有主动吸取知识的要求和愿望，在日常生活实践中能够独立自主地学习，自我组织、制定并实施学习计划，能调控学习过程，能对学习结果进行自我评估。这无疑在学习方法上进行了一次变革。

第三章 信息化背景下大学英语教学理念的构建

信息技术的发展为大学英语教学提供了新的途径,并引起了英语教学理念的变化。在信息技术背景下构建大学英语教学理念时,应以学习者为中心来营造网络环境。此外,还应激发学习者的学习动机、关注其学习风格,并引导他们掌握学习策略。本章主要对信息化背景下大学英语教学理念的构建进行探讨,主要内容包括以学习者为中心、激发学习动机、培养学习策略、营造网络环境、关注学习风格。

第一节 以学习者为中心

一、信息化背景下以学习者为中心的教学特征

信息技术背景下的英语教学,要求教师转变传统的教学模式,以学习者为中心,从而充分发挥学习者的主动性,全面提升学习和教学的效果。在以学习者为中心的课堂上,教师在教学中通常需要做到以下几点:

(一)能经常鼓励学习者,并引导学习者相互尊重

在以学习者为中心的课堂上,教师不再是居高临下地提出要求,而是给学习者适当地指引。在引导的过程中,教师会经常将鼓励融入每一个环节之中。教师给予学习者更多的鼓励,从而激发学习者参与课堂教学活动的积极性和积极发表自己见解的主动性。教师的鼓励还能促使学习者与同伴产生更多的交流,从而使他们勤于思考,并对学习保持更加浓厚的兴趣。此外,以学习者为中心的教师能够引导学习者彼此尊重和彼此肯定。无论是教师与学习者之间,还是学习者与学习者之间,只有在互相尊重的前提下,才能将课堂活动的作用发挥到最佳,这也是营造和谐的课堂气氛的前提。在彼此尊重的前提下,教师的教

学效果和学习者的学习效果都会更好,对知识的理解和吸收更加容易,也使学习者与教师之间更愿意产生交流,从而使思考更加活跃。因此,以学习者为中心的教师非常强调彼此的尊重,同时也非常强调在大家持有不同观点时,是需要互相给予肯定的。

(二)能够有效调控学习活动的开展

教师对学习活动进行的有效调控,在以学习者为中心的课堂上,主要从以下两个方面表现出来。

1. 保证学习活动能围绕学习目标展开

为了达到学习活动能够始终围绕学习目标而展开的目的,在以学习者为中心的课堂上,教师会向学习者提供包括表格、记录单等在内的一些工具,帮助学习者构建适合自己的学习框架和学习结构,使学习者的学习能够按照一定的节奏和步骤逐步进行,从而顺利完成学习任务。在开展学习活动的过程中,教师对学习者的课堂讨论内容会非常关注、非常重视,并且会认真和耐心地去聆听。教师在讨论中的角色不是知识的灌输者,也不是讨论内容的主要发言者,而是在大部分的时候仔细聆听,在讨论遇到冲突或者困难时,在恰当的时机用恰当的方式去干预和引导,从而使讨论中遇到的冲突在教师的帮助和引导下得到解决。如果在讨论过程中,学习者的思路受阻,教师会适当提供一些可以使学习者将讨论继续进行下去的思路。如果在讨论过程中,学习者的讨论内容的方向发生了偏离,教师会及时地给予提示,使学习者的讨论内容回到主题上来。

2. 保障学习过程有序开展

教师往往能够使教学活动有序地进行下去,是在以学习者为中心的课堂上的又一表现特征。教师根据自己设定的教学计划,逐步按照顺序实施,以保障教学效果的达成。值得注意的是,一些突然发生的教学事件难免发生,在以学习者为中心的课堂上,在大多数情况下,教师也能够根据实际情况灵活地对学习活动进行调整,并为了保障学习目标的达成,对学习者进行适时的引导。除此之外,为了保障学习活动能够顺利开展,教师还要有效地控制课堂的纪律,从全局上对整个教学活动进行有效的掌控和把握。

(三)能根据学习者的反应灵活调整教学

虽然教师都是按照已经提前安排的教学计划进行教学,但以学习者为中心的教学课堂会根据学习者在课堂活动中的实际情况对教学内容以及教学突发情况进行灵活的调整。学习者的实际突发情况包括很多方面:比如学习者感觉无法跟上课堂的授课节奏,学习者感觉授课内容的难易程度与自己的接受程度不能匹配,学习者提出了能够使教学效果更好的建议，学习者在学习的过程中或者在练习的过程中遇到了难以解决的问题，学习者在某一时段内因为心情或者身体的原因导致情绪低落、学习兴趣不高、学习状态不好，学习者对教师设定的主题不感兴趣，等等。

以学习者为主的英语教学课堂，教师在面对学习者的各种反应的细微变化时，应该像一台检测器一样敏锐地捕捉到这些信息，并根据学习者的状态进行灵活地、及时地调整。利用学习者的各种反应进行的教学调整，正是教师能够提升教学水平的最佳方式。及时发现学习者遇到的困难，及时解决潜在的问题，不仅能够提升教学质量，同时也能提升教师的教学能力。因此，教师应该对学习者在课堂活动中的各种反应及时地捕捉，及时地调节教学思路，使教学效果不断得到提升。

(四) 能够给学习者提供明确、合理的反馈

明确的、合理的反馈对学习者来说至关重要。如果学习者在课堂上遇到的问题或者提出的疑惑不能得到教师的重视和反馈，就会导致学习者产生困惑，造成情绪上的低落，从而使他们失去学习兴趣，甚至影响进一步的学习。所以，在以学习者为中心的课堂上，教师面对学习者提出的各种问题，往往能够做到仔细认真的倾听和对待，给学习者的反馈也是及时的、明确的、合理的。当然，教师也不能保证所有的问题都是能够立即在课堂上解决的。在这种情况下，教师会先明确地告诉学习者，自己由于某些原因暂时无法解答这个问题，但教师会非常重视这个问题，会利用课下的时间专门帮助学习者解决这个问题或者专门和学习者就这个问题进行讨论。

二、信息技术背景下以学习者为中心开展教学的方法

(一) 充分尊重学习者的主体地位

教师在英语教学中充分尊重学习者的理念主要有三方面的含义。

1. 考虑学习者的兴趣

教师在设置教学内容、安排教学计划和教学工作以及选择教学材料时，都要对学习者的兴趣爱好、心理素质等进行充分的考虑。这不仅体现了对学习者的主体地位的尊重，也保证了教学效果以及学习者的学习效果。

2. 考虑学习者的实际需求

学习者的实际需求是英语教学环节设计应该考虑的主要因素，教师在课堂上穿插的教学活

动也应以学习者为中心开展，从而保障学习者的主体地位，使学习者的主体地位得到尊重。

3. 帮助学习者提升主体意识

对学习者的主体地位的尊重虽然十分重要，但更重要的是，学习者在认知层面上对自身的主体地位的确立。教师在日常的教学过程中，可以采取的做法包括很多方面：比如，对学习者自我管理能力的培养，对学习者自主学习能力的提升，对学习者养成独立思考习惯的帮助，对学习者参与教学活动的积极性地引导，等等。

（二）利用现代信息技术创设课堂环境

在以学习者为中心的课堂上，充分利用现代信息技术及设备创设课堂环境，对学习者的自主学习和合作探究都具有重要的意义。

1. 硬件环境的布置使学习者产生主人翁意识

环境对学习者也能产生潜移默化的影响。在以学习者为中心的课堂上，桌子和椅子的摆放往往摆放成围在一起的圆圈。学习者分别坐在自己的位置上，自然形成了围在一起的状态。这种圆环形的布局，对学习者之间的信息交流以及课堂内容的分享与合作都非常有帮助。因为人们在生活中进行相互的讨论时，都会自然而然地形成圆圈。学习者这种围在一起的状态，也有助于学习活动的顺利进行。

除了桌椅的布置，教师环境的布置也体现了学习者的中心主体地位。比如一些教室在专门的位置配置了学习者专用计算机，学习者在课堂上随时都可以根据自己的需要到计算机上查询与课程相关资料、信息和数据。再比如，一些教师将信息技术和设备的作用进行充分的利用和发挥，搭建学习者可以互相交流的网络平台。在网络平台上，学生可以展示作业，也可以对作业的内容进行交流和讨论，还可以随时查找相关资料，充实作业内容或者帮助自己思考。

这些在信息技术背景下的教室环境布置，激发了学习者的学习兴趣，有助于学习者主体作用的发挥。

2. 丰富的学习资源和学习工具有利于促进学习者的学习

在以学习者为中心的课堂上，教师应充分利用现代信息技术与设备为学习者提供丰富多彩的学习资源与学习工具，并引导学习者了解这些资源和工具的使用方式和使用目的。学习者在学习过程中，需要掌握利用这些资源和工具的技巧，这就需要教师给予适当的帮助，从而使学习任务顺利完成。教师可以充分发挥多媒体的作用，将教学内容形象地展示给学习者，通过动画展示，让学习者更好地认识一些动态的原理。

第二节 激发学习动机

一、教师要素

(一)熟练掌握信息技术背景下的英语教学的相关技能

信息技术发展迅速,大学英语教学的传统课堂在融入信息技术之后,在形式和内容上发生了很大的改变,并催生了新型教学方式的诞生。虽然信息技术在教学上有很大的优势,但是对大多数教师来说,这种新的教学方式还是比较陌生的。面对这种情况,为了提升教学效果,跟上时代步伐,英语教师应尽快熟练掌握信息技术背景下的英语教学的相关技能。比如,提升对各种现代化教学设备的操作技能,学习设备维护和保养的知识,学习运用这些先进技术制作更加符合课堂教学内容的课件,等等。这样才能使教学的顺利进行得到保障,才能将信息技术背景下的英语教学形式的优势充分发挥出来,才能无限激发学习者的学习潜能,使学习者在信息技术背景下的英语学习中,保持更积极的学习态度和更加浓厚的学习兴趣,使学习者全身心地投入到英语学习之中,从而保证了良好的学习效果。

(二)充分利用信息技术了解学习者并展开互动

教师在信息技术背景下的英语教学过程中,发挥着对学习者的引导作用和答疑解惑的作用,这些作用的发挥有助于学习者学习动机的激发。所以,教师需要对每一个学习者都做到全面的了解,从而达到提升指导的针对性和有效性的目的。所以,教师要充分利用信息技术,对学习者的学习背景、学习方式、学习心态、个人性格特征、学习目标、学习进度、学习水平等多方面的学习状态进行深入的了解和清晰的把握,并根据这些情况向学习者推荐更加具有个性化的学习策略。比如,网络调查问卷、网络学习进度监控、网络谈心、网络咨询、网络资源利用的相互讨论等都是可以了解学习者的手段。

了解学习者的情况之后,教师要及时做出明确的反馈,否则就失去了了解学生情况的作用。教师的反馈同样可以利用信息技术来实现。比如,通过网络调查问卷的研究,得出相关的结论,并针对不同情况的学习者进行一对一的网络谈心,并对课程内容和形式进行灵活的调整。再比如,教师可以通过网络学习监控随时查看学习者的学习进度,从而了解学习者对知识的掌握程度,同时也能及时发现遇到困难和在学习中出现问题的学习者,及时找到这些学习者，询问他们未能跟上进度的原因，了解学习者遇到的困难，并及时帮助学习者解决问题和困难。大部分这类问题都能通过网络非常方便快捷地得到解决。

教师的反馈，不仅仅是为了对学习者的英语学习进行引导和调控，更是为了使学习者感受到教师的重视和关爱，促使学习者在学习中产生更大的内在动力。教师的反馈，从信息传递方式上看可以分为两大类。一种是实时反馈。这种反馈传递信息的速度非常快，教师能够很快看到学习者的互动信息，也能够通过一定方式立即向学习者进行回复。比如在某个特定时间段内的在线交流，学习者和教师之间的互动是实时进行的。再比如，在课堂上，教师正在就教学内容通过幻灯片进行展示和讲解，学习者遇到没有听懂的内容或者产生了一些疑问，立即举起手来向教师提问，教师立即请这名学生讲出自己的疑问、想法或者见解。这种师生之间的信息沟通就是不存在时间上的障碍的。另一种是非实时反馈。这种反馈在时间上存在一定的滞后性，比如，教师与学习者之间利用电子邮件进行沟通，收到邮件的一方可能及时看到邮件到来的消息，也可能是过了一段时间，特意去处理邮件时才能看到未读消息。再比如，采用网络调查问卷的形式，教师将网络调查问卷收集起来后，要进行整理和分析，给学习者的反馈也需要经过一段时间。

二、学习者要素

(一) 帮助学习者增强自我效能感

自我效能感是学习者学习动机研究中的一项重要指标。它能够使学习者的坚韧不拔的性格以及努力向上的状态得到激发，使学习者的学习动机得到调动。我们可以采取下面的措施提升学习者的自我效能感。

1. 替代性经验

替代性经验可以来自教师组织的学习者之间的交流活动。在这种活动中，具有相同学习经验以及相同学习背景的学习者能够吸取替代性经验。除此之外，教师不仅可以指导学习者如何利用信息技术学习英语，还可以找出已经通过这种方式取得了良好学习效果的成功例子，鼓舞学习者从这些成功的案例中获得动力，并对信息技术背景下的英语学习更加感兴趣。这种成功的案例，可以来自搜集到的著名人物的例子，也可以来自身边的已经取得良好效果的同学的例子。

2. 增加成功体验

教师对学习者的培训必不可少。在信息技术背景下的英语学习策略需要学习者能够掌握信息技术、操作技术等基本技巧,从而能够更好地参与到英语学习中来,这就需要教师的培训和帮助。与此同时,教师在目标的制订上也要给学习者提供具体的建议和帮助。教师应该首先帮助学习者树立一个大目标,这个目标是宏观的,当然也是困难的和长期的。有了大目标,教师还要进一步帮助学习者将宏观目标进一步细化为微观的、可操作的短期目标,使他们的学习按照阶段化的轨迹前进。每经过一个阶段,就能看到一个阶段的进步,这使他们不断积累成功经验。此外,教师还应为学习者制定多元化、激励性的学习评价系统,通过客观、全面的评价帮助学习者看到自己的长处与不足,正确认识自己取得的进步与努力的方向。

(二)帮助学习者形成积极的归因方式

归因方式与学习者的成绩之间存在着一种正相关的关系。具体来说,积极、科学的归因方式能激发、推动学习者的学习动机;消极、不科学的归因方式则会抑制、损害学习者的学习动机。具体来说,如果将失败的原因归结为一些不可控制的因素,则不利于学习的进步。如果将失败的原因归结为一些可控制的因素,则学习者会产生较大的学习动力,因而也易于取得学习上的进步。具体来说,教师可采取的方法。

1. 提供信息

面对学习者所遇到的困难,教师可凭借自己的经验向学习者提供相关信息。例如,某某同学在哪一个阶段也遇到过类似困难,采取某种方法之后,经过多长时间,最后取得了什么样的进步。

2. 说服和行为改变

当学习者取得成功时,教师可对学习者的学习状态进行总结,将成功归因为持续的努力与正确的方法。当学习者遇到失败时,教师可引导学习者进行积极归因,即直接告诉学习者失败的原因,如受到考场环境的干扰、题目难度突然增大等。教师引导学习者对学习结果进行自我分析,并对积极的归因进行强化。

第三节　培养学习策略

一、信息技术背景下学习策略的特点

(一) 技术性

信息技术背景下的学习策略与信息技术学习环境相适应,而信息技术背景下的学习环境对学习者提出了更高的技术性要求。具体来说,学习者应具备一定的信息技术知识与操作技能,能够正确使用各种网络设备、运用各种网络软件,这样才能使信息技术环境更好地为学习服务。例如,学习者应懂得电脑网络故障的基本解决办法,知道如何下载、上传学习资料,如何使用搜索工具查找信息,如何使用文本处理软件对文字进行加工等。此外,学习者还应学会如何在信息技术背景下与其他学习者或者教师进行交流与合作,掌握QQ、微信、音频对话、视频通话等,从而打破时间与空间给学习带来的障碍,使学习活动更加深入。

(二) 自主性

传统课堂学习活动由教师与学习者共同参与,在教师的讲解、指导与同学的陪伴下,学习者个人需要承担的责任与压力相对较小。然而,学习者在信息技术学习环境下面对的往往是自主、独立的学习活动。缺少了传统课堂的学习气氛,学习者必须独立运用学习策略,还必须独立排除孤独、注意力不集中等不良情绪的干扰,对自己的学习活动负起全部的责任。可见,信息技术背景下的学习策略对学习者的自控能力提出了更高的要求。

二、信息技术背景下学习策略的培训

(一) 确定培训内容,进行培训与指导

教师应根据学习者的具体情况对培训内容进行选择。比如情感策略、社会策略等。情感策略指,情感熏陶不足与人文氛围较弱是信息技术背景下学习环境的劣势,学习者不可避免地会产生一定的心理障碍,情感策略有利于学习者克服消极情绪,提升自我效能感。社会策略指,掌握社会策略则可使学习者有效利用信息技术进行合作学习,既能与其他学

习者相互交流经验,又可以在遇到困难时获得指导与帮助。当学习者掌握一些间接的学习策略后,再对其进行直接学习策略的培训常常会达到事半功倍的效果。

(二)监控培训过程,评价培训过程

在对信息技术背景下的学习策略培训进行监控与评价时,可将各种评价等有机结合在一起,即通过评价主体的多元化提升评价结果的科学化。具体来说,可将学习者在学习过程中的练习、测试、浏览、参加活动等情况记录下来,形成一个数据库,并据此对学习者的学习策略进行客观评价。此外,还可通过在线问卷或屏幕上的提示信息等方式引导学习者进行自我评价,从而强化学习者的情感体验与对策略价值的感知。除了上述方法之外,撰写学习日志和日记,对自己体验、运用学习策略的感受、效果、心得等进行记录,有利于降低学习策略使用的随意性。

第四节 营造网络环境

一、网络环境的特征

(一)教学资源的丰富性

信息技术的发展、网络技术的普及,使海量的信息资源呈现到每一个充分利用网络资源的人的面前。在当今的英语教学过程中,大量的网络英语教学资源使英语教学的内容得到无限地扩展和丰富。输入和输出是英语语言学习的两个重要部分。在英语教学当中,属于输入部分的是英语听力和英语阅读,网络技术以电子载体为特征,为英语学习的输入部分提供了非常丰富的学习资源。包括 DVD、VCD、视频、语音文件等固定类型的资源,也包括广播、电视、互联网等动态类型的资源。尤其是计算机时代的到来,使大量生动的英语学习资源实现了电子化和网络化。网络时代的英语学习资源不仅仅是数量上的成倍增长,更在质量上实现了巨大的飞跃。利用现代化的技术,电子资源对原文件几乎呈现了100%的还原、复制和再现,在范围上也更加广阔,而且提升了传播速度和影响力度,资料传递的时差大大缩短,避免了英语教学资源资料陈旧老化以及内容匮乏的问题的出现。同时,电子资源超越了时间和空间的界限,借助网络可以在很短的时间内,在班级、学校甚至是全世界传播和被利用。这一优势,不仅使传播的源头得到了知识和技能的拓展,实现了语言交际的功能,而且给了学习者充分的实践机会,提升了学习者的英语素质。

（二）教学手段的灵活性

基于网络技术的英语教学使其变得更直观、便利、灵活和有效。一般来说，英语教学中常用的教育技术有电声技术、光学技术、网络技术、计算机技术等。幻灯片、投影灯在英语教学中的运用有助于教师呈现文字、图像等信息，对解说重点与难点、看图说话等有着重要作用。广播、录音等技术是英语教学中应用最早且最广泛的技术，它们成为听力与口语教学与训练的必备。电影、电视等技术的发展不仅提升了学习者学习英语的兴趣和积极性，也为学习者生动地展现了语言学习的文化背景等。

（三）学习过程的互动性

基于网络的英语教学在学习过程中具有互动性。所谓互动性，是指将人的活动作为一种媒介来传播信息，使信息的发出者和接收者都可以参与其中，且参与方都可以编辑、控制、传递信息。互动性有助于学习者在获取信息以及使用信息时都能发挥学习者的主观能动作用，增加学习者对信息的注意与理解。这比传统的英语教学要实用很多，因为传统的英语教学以教师为中心，属于单向的知识辐射，因此单位时间内传输知识是具有很大挑战性的。

在网络教学环境下，教师可以对语言学习顺序进行人为的变更，随机更改操练的顺序，从而更好地实现因材施教。同时，学习者也可以进行主动检索，查询自己感兴趣的内容和知识，而不像传统英语学习中，只能被动地接受知识。

二、信息技术背景下营造网络环境的方法

（一）声像呈现法

"声音+图像"的形式要明显比单独表述方式有更大的优势。根据网络学习的理论，学习者需要同时接收言语信息与形象信息，这比单纯接收单一的信息更有意义。例如，在英美文学的学习中，学习者一边听解说，一边通过幻灯片、录像、动画等看到与材料相关的视频信息，其学习效果会比单独听录音、单独看文字材料更有效果。这就是梅耶所谓的"效应"。在这一环境下，学习者能够同时建构两种心理表征，即言语表征与视觉表征，并能够建立起言语表征与视觉表征之间的联系。

（二）时空同步法

言语信息与视觉信息的呈现要比两者分散的形式更有优势。换句话说，相关的言语信

息与视觉信息是出现在同一时空的,而不是分散的或分别的,因此会更有利于学习者接受和理解教学内容。例如,学习者如果一边听声音解说,一边观看动画演示就能够很容易让他们了解和掌握所学内容。梅耶甚至指出,这一学习效果能够提高50%,这就是所谓的"时空同步效应"。在这种环境下,相关的言语信息与视觉信息需要同步进入工作记忆区,便于二者建立联系。

三、信息技术与高校教学融合创新的重点

通过对《教育信息化2.0行动计划》及其他相关政策文件的解读,本书将我国信息技术与高校教学融合创新分为以下几个重点。

(一)高校信息化教学资源建设与共享

1. 高校信息化教学资源建设

信息化教学资源指的是蕴含大量教育信息,能创造出一定教育价值,以数字信号的形式在互联网上进行传输的信息资源。在教育信息化的时代进程中,高校的信息化教学资源建设始终是高校教育信息化的重要环节。各院校结合自身优势,开发建设了大批高校精品课程资源并建立高校教学资源库。以中山大学为例,中山大学有针对性地建设了自己的特色优质教学资源。一是建设"慕课"资源,在"本科课程建设体系"中建立"慕课"课程,通过立项资助鼓励院(系)和教师的课程培育,以"慕课"课程培育、建设、使用和推广为抓手,提升教学的质量和效益;二是建设优质讲座资源,以中山大学通识教育的重要组成部分——中山大学逸仙网络大讲堂为推广重点;三是建设课堂教学资源,将教学资源同步到云资源平台,该校已建设70间云录播课室;四是建设具有学校特色的临床技能资源,制作中山大学医学本科教育的优质教材和教学视频,帮助学习者更好更快地掌握临床技能。

2. 高校信息化教学资源共享

教育部副部长杜占元指出,推动教育信息化2.0需要实现三个转变,即实现教育专用资源的开发应用向大资源的开发应用转变,把提升应用能力向提升信息素养转变,从融合发展向创新发展转变。《行动计划》提出,优化"平台+教育"的服务模式与能力,利用平台实现教育资源的"众筹众创",对高校提出开设精品大规模在线开放课程的要求,为学习者提供海量、个性化的学习服务,实现教育资源从专用向通用的转变。

高校在线教学资源库要扩大开放范围,考虑不同类型学习者的学习需求,教育部在教育信息化2.0时代打破了传统教学资源的封闭性状态,使丰富的教育资源走向共享共融,

面临更加多元化、深层次的资源建设挑战，高校信息化教学资源建设从自主开发逐渐走向共建共享，积极探索与其他优秀高校和企业之间的合作交流。高校信息化教学资源中，以"慕课"为代表的网络教学资料，根据不同学校的开放程度，有限制与非限制的区别；优秀的教学资源需要更广泛的使用和借鉴，优秀的教学经验需要更广泛地传播和交流。不断累积的丰富的教学资源促进了不同高校之间的学习交流，了解不同学习群体的实际需求，实现高校教学资源的整合与创新。

(二) 新技术环境下的高校教学改革

1. 高校教学改革"以人为本"

新技术环境下的高校，承担着人才培养和科研创新的重任，基础的教学部分正面临着深刻的变革。相比教育信息化 1.0 时代，2.0 时代的高校教学更加注重智能教学、教育数据、学习分析等新技术的学习、应用及研究，注重师生的数据素养、网络安全素养、学习分析能力的培养。技术不再单纯只是教学应用的手段，而是作为教育信息化的一部分，与人的发展有机统一。技术融入教学的本质归根到底在于促进人的发展，满足学习者的个性化需要，为学习者提供量身定制的学习资源和学习策略，为教学者提供差异化的精准指导。

2. 新技术融入高校教学改革

根据对尼泊尔 6 所大学的研究发现，大多数本科生使用移动设备进行学习。移动学习为师生提供了更多的互动机会，并通过与课程整合对学习者的学习成绩和学习评估产生影响。随着物联网的激增，高等院校正逐步与行业合作，帮助学习者创新和开发新项目，培训学习者最新技术。在美国威斯康星大学麦迪逊分校的物联网实验室里，学习者接触新兴技术，并将想法转化为现实；欧盟物联网开放大学将来自多个欧洲大学的学习者连接到同一个远程实验室，为学习者提供不同学科课程的学习材料。

随着 AI 技术的不断深入，高校中使用人工智能的案例也在逐渐增多，如密歇根大学人工智能实验室、剑桥大学人工智能集团等。人工智能时代的高等教育需要师生学习和适应更加复杂的智能系统，智能素养的提升迫在眉睫。自然用户界面的使用能够发掘教育中学习和交流的新形式，伊利诺斯维尤农业和机械大学通过一个机械项目，将自由形状建模和虚拟显示技术相结合，该项目使用虚拟现实系统和触觉控制器，改进航空航天、汽车模型设计。全球高等教育领域里，新技术的应用和研究对于国内高等教育的教学改革既是机遇和挑战，同时也提供了一定的经验和借鉴。

相比于强调信息技术应用的教育信息化 1.0 时代，教育信息化 2.0 时代更关注"发挥技术优势，变革传统模式，推进新技术与教育教学的深度融合"。信息技术融入的教学模式、教学策略和教学理念也在不断探索和创新。

目前在我国，以"慕课"为代表的在线学习逐渐贯穿各类高等教育，加速了高等教育向在线教育方向迈进的步伐。当大学教师在课程中使用或推荐学习者使用开放可获取的课程资源时，混合学习便自然发生了。同时，越来越多的高校课程开始推广和采用翻转课堂教学法，也是一个例证。对高校来说，技术融入的教学可以解决传统教学过程中师生互动和信息收集方面存在的困难，教育数据能够更加高效地发现师生在教学过程中存在的问题和需求，为学习者和教学者提供更加个性化的诊断和指导，为教育教学改革决策提供重要依据，从而更加科学地指导课程建设和学科建设，有理可依的数据支撑使得精准教学也逐渐成为教学发展的关注热点。

互联网技术与教育逐渐深度融合。海量的教育数据对于高校来说是手段亦是资源，高校应充分利用教育数据，在了解师生个性化需求的基础上制定相应的课程；同时，将大数据、人工智能等新技术融入课程体系，设置适应高校学生的大数据课程和智能课程，培养学生的数据分析应用能力，提升师生的智能素养。

教育信息化2.0时代，新技术打破了传统的教学模式，高校教学面临着重构，新技术融入的教学应充分利用教育数据对碎片化信息进行整合，为高校师生提供多元化、个性化、精准化的教学指导和学习策略，促进师生智能化素养的提升，增强师生应用数据进行学习分析的能力，促进学生的创新思维发展。在充分意识到新技术对高等教育产生深刻影响的同时，也要意识到技术不等同于教育。尽管新技术潜力巨大，在推进高校教学变革中仍然受技术本身、操作层面和规章制度等多方面因素的影响，高校要逐渐探索技术与教学改革融合的科学途径，在探索中逐渐解决各方面的问题，才能充分发挥新技术在教学变革中的作用。

（三）智能时代的信息素养提升

教育信息化2.0时代对高校师生提出了更深层次的要求，不仅要掌握信息技术的应用能力，更要培养良好的信息素养，具备利用信息技术手段发现并处理问题的思维方式和学习技巧。

1. 高校学生信息素养教育

对高校学生的信息素养提出了更高的要求，数据素养、媒介素养、信息安全素养等新领域逐渐成为高校学生信息素养教育的热点。所谓数据素养，是指有效地理解和使用数据，以便为决策提供信息的能力，是信息素养的核心组成部分。对于高校学生来说，在信息素养教育中整合数据素养是大势所趋，数据素养教育必须贯穿于学生的整个学习生活中。培养学生的数据素养应以课程为基础,改变传统单一的课程教学模式,坚持数据课程群的建设,构建有利于师生教学和课程发展的数据素养教育体系。近年来,高校注重在线教学资源的建设和利用,除此之外,还有很多高校开设与人工智能、机器人等学科相关的在线课程,不仅为在校学生提供了丰富高质的学习内容,也为社会提供了学习新技术的窗口和资源。

除了专业的技术素养之外,一些高校还开设了信息素养的通识课程,如中山大学开设的信息素养通识课程——数字化生存的必修课,四川师范大学开设的信息素养——效率提升与终身学习的新引擎,为高校在校学生和社会人士有效提升信息素养提供了有益的指导和帮助。《行动计划》提出,应制定科学、合理、适合我国国情、可操作性强的学生信息素养评价指标体系和评估模型。方长春等基于粗糙集理论,构建了大数据环境下高校大学生信息素养影响因素模型,运用多层次粗糙集方法对模型进行分析。研究结果表明,课程体系设计是大数据环境下高校大学生信息素养的重要影响因素,各高校应从多个层面入手提升大学生信息素养水平。从教育主体、教育对象、教育形式、教育内容和教育效果五个维度构建了一套高校数据素养教育评价指标体系,兼顾了数据素养教育的全面性与动态性,为高校数据素养教育评价提供了参考模型。

2. 高校教师信息素养提升

高校教师面临着教学模式转变、师生角色转变、教学技术更新、教学理念创新以及信息安全问题等多重挑战,积极提升高校教师的信息素养,培养教师的信息思维,适应新时代对高教工作者的要求,是高等教育信息化的重要环节。在教育信息化2.0时代,大数据、学习分析、云计算、人工智能等技术热点词汇逐渐被纳入高校教师信息素养的组成部分。例如,结合新技术发展的时代背景,《行动计划》明确提出将人工智能纳入教师信息素养提升工程中,以适应智能教育时代对教育工作者的新要求。随着大数据在教育领域的不断应用,教师的数据素养也成了研究的热点话题。信息素养主要是检索评估与利用信息的能力。数据素养是指信息化背景下大学英语教学理念的构建能力,数据素养更加强调个体的能力,不仅包含了信息素养的要求,也重视数据素养意识以及数据伦理。

(四)高校信息网络安全建设

1. 高校信息安全的概念及表现

技术进步为高校教育领域带来机遇的同时,也不可避免地带来了一些值得关注的热点问题,其中信息安全问题已经成为全球高等教育信息化关注的焦点。在教育信息化的时代背景下,高校不断将新技术应用到教育教学和科学研究中,如虚拟学习环境的尝试。在高等教育中，虚拟现实和增强现实的结合使许多应用成为可能，但这些应用也带来了安全问题。例如，研究人员表示，虚拟现实追踪传感器可以被攻破，让攻击者得以窥视用户的物理空间。要成功应对现有和即将出现的VR/AR安全风险，有关机构必须了解这些风险，并应用一般安全原则来减轻这些风险。VR/AR系统在教育中的广泛使用有时涉及敏感数据。为了管理潜在的风险，校园信息安全团队必须确保适当的安全保护到位。此外，随着高校在校园更广泛地使用这些系统，有效地管理风险就变得更加关键。信息安全团队可能需要评估的因素包括基本的信息安全需求、隐私和策略。

2. 高校信息安全的重要性及对策

高校网络教育系统是以互联网为载体的教学模式，在优化教学过程的同时，网络安全的脆弱性越加明显。高校教育系统的网络安全工作，是高校网络教学、科研等一切工作的基本保障。高校面临的网络与信息安全化问题和挑战十分复杂，包括技术、防范策略、设备或软件、管理、人员等多方面的挑战。强化网络安全宣传教育要从技术层面和管理层面双管齐下，积极推进高校的教育信息网络安全建设，为高校的教育信息化进程提供安全保障。在学科建设和人才培养层面，在信息飞速发展的新技术时代，高校建设的在线课程资源不仅为高校学生的信息安全素养教育提供了随时随地的指导，对于社会人士的信息安全素养提升也具有重要意义。除了课程教学，在技术层面，已有研究主要是对高校信息化建设中相关的设备安装防病毒软件、设置防火墙、入侵检测技术、网络安全扫描技术、SSL安全套接层协议等重重保护，消除技术隐患。

四、信息技术与高校教学融合创新的热点与趋势

（一）正式学习与非正式学习的融合

1. 正式学习与非正式学习融合的概念与模式

欧盟委员会认为，人的学习应该分为正式和非正式两大类。因此大学生和高校教学是非正式学习和正式学习融合的最佳应用对象和场景。正式学习与非正式学习融合在高校教学中的常态，主要体现在课堂学习和课外学习的融合以及即时交流和非即时交流的结合上。随着学习管理平台在高校的普及，教师大多将学习资料上传至平台，供学习者课外自主学习，并在平台上进行非即时的远程交流互动和答疑，课内则更多开展关于研究主题的讨论和小组合作研究。与此同时，高等教育领域大规模开放在线课程的发展和普及也是高校非正式学习和正式学习融合的重要渠道之一，非正式学习者因此而有了体验优质学校的

正式学习的机会。基于"慕课"、开放教育资源、在线学习平台和即时通信工具的社会交互学习,在消除正式学习与非正式学习鸿沟的同时,促进了学习者基于学习社区强化自身对所消费、共享和创造的资源与知识的理解。

重新设计学习空间是进一步促进正式学习和非正式学习融合的重要举措。高校正在升级无线带宽并安装大型显示器,以便学习者在数字项目上可以实现更自然的协作。学习空间对学习过程和结果有着重要影响,但仅靠学习空间设计并不能保证更好的学习成果,除非课程设计明确适应并利用空间,否则结果可能达不到预期,且不熟悉主动学习模式的学习者甚至可能会产生抵制心理。为了最大限度地提高灵活性和易用性,学习空间技术正在迅速发展。例如,高校正在尝试将扩展现实(XR)技术(即虚拟、增强和混合现实)集成到学习空间中,以支持个人和团队学习。此外,与XR技术类似的视觉显示墙也正在成为各高校学习空间设计的标准部分之一。比如,斯坦福大学为其学习空间配备了合成声学系统,包括40个悬挂式麦克风和76个扬声器,以支持全班讨论和小组合作。

2. 正式学习与非正式学习融合的优势与挑战

正式学习与非正式学习的融合,也对物理环境、教师和学习者、学习评估等方面提出了新的挑战。

(1) 物理环境方面

正式学习与非正式学习的融合离不开混合学习环境的重构。高校需要根据国际认可的一流学习空间指标重新设计传统的学习空间,并充分运用新型空间以配合融合正式学习与非正式学习的混合教学法。高校如何面对物理空间的挑战将直接关系到教师和学习者如何应对在正式学习与非正式学习融合过程中教与学的挑战。

(2) 学习评估方面

正式学习与非正式学习融合的趋势使得学习评估开始聚焦于教育工作者评估、衡量和记录学习者在正式与非正式学习过程中的学习准备、学习进度、技能获取和其他需求等混合学习数据的方法和工具的使用与创新。这当中的主要挑战在于如何记录、测量和认证非正式学习的成果,并且缺少统一的认识和有效的方式。

(3) 师生方面

教与学的方式、环境以及评价方式的转变,促使教师和学习者各自的角色和职责也要产生相应转变。因此,其挑战主要集中在学习新的教与学的方式和教与学的理念以及适应新的角色和技术培训上。

(二)推进创新文化以应对知识老化

1. 知识老化与知识创新

知识创新是推动国家创新和可持续发展的根本动力。随着经济全球化的加剧和知识经济时代的到来,变化越来越快且越来越复杂的知识环境,使得大学和研究机构在知识创新与管理方面的合作需要日益强烈。比如,在世界范围内以伦敦知识网络验室、英国国家健康服务为代表的知识创新体系就是以科研机构与高校的紧密合作为基础形成发展起来的,在创造新知识、推动社会科技发展中所起的作用非常显著。

2. 应对知识老化挑战的策略

包括2018年在内的多年《地平线报告》显示,推进创新文化是高校发展一直以来的长期趋势。不过其内涵从强调对已有知识的理解和探讨,转变到充分发挥各种学习技术和资源对知识进行创新、在学习中创造新的成果上来。参与式学习文化鼓励采用协作方式解决问题,并提供更多样化的声音和观点,使教师、教职员工和学习者在知识传递与创新过程中处于更加平等的地位;而创新的教学模式和教育技术,例如,课堂参与和评估工具、混合和完全在线课程,又将这种民主化的知识创造经验和创新文化进一步共享至全球的教师和学习者。在经济上,高校可通过大规模在线开放课程获取的收入支持其他更多重要的创新活动,比如,研究生的创新研究项目等。

(三)扩散开放教育资源以促进数字公平

1. 数字公平问题

数字公平问题是指获得技术的机会是否平等的问题,尤其是宽带互联网。这一显著的社会公平问题影响的不只是发展中国家,比如超过3000万的美国人也无法获得高速互联网。通过高速互联网接入实现在线学习以及使用开放的教育资源,可以为学习者节省大量的高等教育成本。

2. 开放教育资源扩散促进数字公平

在最新的年度报告中,开放教育资源(OER)扩散继2015年之后再度回到大家视野中,并成了未来3~5年的中期趋势。因此,开放教育资源依然会继续成为高等教育领域促进教育公平的重要支撑。开放教育资源运动由此开始。2012年《巴黎开放教育资源宣言》通过,开放教育资源开始成为世界政治问题,并与《世界人权宣言》联系起来,用于保障每个人都有的受教育权利。目前开放教育资源的利用主要是为了降低高等教育的相关成本，例如，减低学习者的教科书成本。以麻省理工学院、卡内基梅隆大学、哈佛大学等在内的知名大学为代表，高校推动的开放式学习计划因其提供的免费在线学习资料已满足了部分弱势学生群体的学习需求。开放教育资源从教学法、个体与机构合作、领导力、战略和政策多个方面开展相关项目；中国则通过教育部的国家精品课程项目将开放教育资源纳入政府政策，通过颁发教学卓越奖来推动开放教育资源的发展。

3. 高校跨机构合作促进数字公平

然而要想进一步促进数字公平，高校之间的合作将会成为极其重要的一环。各个高校资源的开放共享，有利于创新型高校带动传统型高校，从而促进高等教育的公平，保障不同水平学校学生的学习权益。跨行业的合作和合作伙伴关系也越来越普遍，当各行各业在寻求研究机构解决自身面临的紧迫挑战的同时，高校也在寻求与各种行业的合作机会，为学习者成为优秀数字化劳动力提供锻炼机会，并适当调整课程和学位要求，与行业需求保持一致。

各行业领导者正在致力于创建高等教育机构与行业联系的合作机制，例如，欧盟委员会最近批准的"+CityxChange"计划，旨在解决用于创建智慧城市的可持续技术开发问题。该项目由挪威科技大学领导，横跨欧洲 7 个城市融合 11 个组织机构的共同努力，包括大型企业、非营利性组织和教育机构等；以及中国北京大学与总部位于德国的制药公司勃林格殷格翰合作，以推动科学和技术前沿的医学研究和发现。

跨行业合作尤其是行业与高校合作的一个重要优势在于，可以使学习者掌握所需技能，以跟上世界各行业不断变化的劳动力需求。对此，为了共同努力降低各高校和学习者在这方面的成本，"高等教育纪事"提出建立一种"网络化大学"，并从获得所有领导层支持、识别同行组织、利用技术促进关键行政服务、建立教师对该计划的信任和信心四个方面下手。

技术在实现此类合作方面将发挥至关重要的作用，虽然跨机构合作的重点往往是分享高质量（通常是数字化）资源以降低成本，但其动力和目的主要来自两方面：培养学习者技能，以匹配 21 世纪劳动力需求；通过校内研究和创新中心激发和试验新想法。例如，伦敦雷文斯本大学的一个跨行业合作项目将学术团队与大学的创业创新中心合作，教师将行业标准嵌入课堂和课程设计中，学习者通过与实际客户一起参与项目获得真实的工作体验，行业可以一方面受益于学习者提供的额外客户关系，另一方面鼓励学习者发表其未被传统商业文化所扼杀的新想法。

此外，高校还可在数据利用和共享、非正式学习场景拓展、资源共享等方面和相关机构建立跨行业或跨机构合作。比如，英国国家公共参与协调中心发起了博物馆大学合作倡议，并详细制定了一份合作指南，以明确和指导后续各种具体合作项目和职责，旨在给大学和博物馆带去共同利益并扩大两者的社会效益。高校学术图书馆与城市公共图书馆可通过超链接合作服务在彼此资源之间建立联系,从而促进终身学习,并为未来更多协作奠定基础。

(四)关注学习测量并缩小成就差距

1. 成就差距

今天,几乎所有通过互联网消费商品和服务进行的互动都以个性化的方式被跟踪、存储和使用。这导致了大数据的概念,即大量数据反映了不同人群的行为。数据科学家和数据收集平台以计算方式组织大数据,以便分析和识别可能未被发现的模式。在教育方面,数据挖掘已经开始用于识别有风险的学生,为其个性化学习创造灵活的成功途径,从而缩小学习成就差距。随着高校越来越擅长处理和解释大数据,高校可以做出更明智的决策,以反映真实的学习者需求。然而与此同时面临的挑战是,高校需要更好的工具,并深入探索如何收集和分析数据,以便做出更明智的决策和预测,同时还需要保障教育管理者、教师、学生、相关研究人员都掌握一定的学习分析技能。

2. 学习测量

包括最新报告在内,人们对学习测量的关注已持续 6 年出现并成为未来 1~2 年内的短期趋势。随着雇主越来越多寻求所谓的"T 形"毕业生,即将特定领域的深层垂直知识与广泛的横向软技能结合(如团队合作、沟通、数据分析和技术操作、对不同文化的鉴赏能力等),高校需要在促进学习者技能发展的学习测量方面下更多功夫,以便学习者在毕业时能够充分展现他们通过实习、出国留学项目、选修课程等各种正式与非正式学习途径而获取的广泛知识和技能。为了帮助学习者提高专业熟练程度和相关技能,高校越来越多地提供可包括各种具体学习经验的多样化新型证书来记录所有形式的学习,以此代替传统的能力凭证。

第五节 关注学习风格

一、学习风格的定义

在信息技术背景下开展英语教学时,教师只有对学习者的学习风格给予肯定和尊重并且能够做到因材施教，才能提高学习者的自主学习能力。需要注意的是，学习者的学习风格存在着明显的差异，教师应对此有深刻的认识。

二、学习风格的类别

(一)风格划分的不同主张

从不同的视角研究，学习风格有不同的分类方法。自古以来，人们便用"四分法"来思考人类的差异。从古希腊一直到文艺复兴时期，关于人类性格最流行的说法是希波克拉底的体液说。希波克拉底提出，所有人的身体内都有四种体液：血液、黑胆汁、黏液、黄胆汁。这四种体液的量在理想状态下应该大致相等。由此，形成基本平衡的性格。但是，如果某种体液太多，便会形成四类不同的性格。18世纪末，英国诗人及艺术家布雷克提出四种使人类存在充满活力的生物能量：肢体—感官型、心理—情感型、头脑—理智型、灵性—创造意象型。另外，北美平原印第安人的神话故事"医学圣轮"也提到四种人格特质：智慧、清晰的知觉、反省、对情感的理解。而且他认为这四种特质在动物世界中也存在。

到了近代，瑞士心理学家卡尔·荣格用心理类型说(或人格类型说)重新界定四分法。在荣格看来，人的差异植根于两种基本的认知功能：感知与判断。我们以两种方式感知信息——具体的感官或抽象的直觉；我们也以两种方式判断信息——逻辑思考或主观感受。

正如荣格所言，这四种人格维度每一种都对应于一种明显的、有意识的经验获得方式。感官告诉你某些事物存在，思考告诉你这是什么，感受告诉你是否令你愉快，直觉告诉你何去何从。另外，荣格还思考过：一个个体在与外界互动时，是活跃的还是沉思型的(外向与内向)。荣格模型的核心，仍是我们熟悉的四分法。荣格用"曼陀罗"来表征这种四分法，感官(循序渐进的过程，具象)、思考(逻辑与客观)、直觉(洞察与抽象)、感受(情绪与自发性)，其中每种功能代表一种人格特质。人们通过感官，可以了解周围世界的本来面目和细节。

(二)学习风格的四种分类

1. 感官—思考型或掌握型学习者

感官—思考型学习者喜欢以有组织、有效率的方式完成任务。他们偏好动手操作的或技术性的学习。他们热爱工作，需要及时反馈。他们宁愿做任何事而不愿意坐下听别人聊天。

2. 直觉—思考型或理解型学习者

直觉—思考型的学习者在着手工作之前，他们会花时间制定计划、组织观念、决定需要的资源。碰到难题时，他们喜欢化整为零。他们的问题常常引起争论，他们关注的是关联性与意义。

直觉—思考型具有语言特长。经历过的每一件事，他们都可以用口语或书面语叙述。他们喜欢根据逻辑分析争论某一观点。在讨论中，他们常扮演"撒旦的辩护者"的角色，或者故意持相反的观点。

直觉—思考型学习者更关心客观真理而不是事实。对他们而言，任何事情都需要符合逻辑，站得住脚，如果存在逻辑错误或漏洞，他们就会心烦意乱。

3. 直觉—感受型或自我表达型学习者

直觉—感受型学习者的工作动力是他们自己的兴趣；而对于他们不喜欢的事，他们会应付了事或干脆忘记。当他们埋头于感兴趣的事情时，常常忘记时间。直觉—感受型的人受人体内生物钟操纵，因此，外在规则或安排常使他们感到很受束缚或挫折。

直觉—感受型的人是独立的。他们对非理性持开放态度，不受传统的限制。他们对美和对称很敏感，并能对事物的美学特征做评论。

直觉—感受型的人不喜欢亦步亦趋的程序，而宁愿跟着直觉走。他们喜欢自己解决问题，而不喜欢别人告诉他要做什么或怎么做。他们能够依赖直觉取得进展。直觉—感受型的人常常迂回曲折地解决问题，而且他们无法解释他们是如何得出答案的。

直觉—感受型的人无论是思想和行动都很灵活，所以能很好地适应新的环境。他们喜欢资源与材料丰富的动态环境。直觉—感受型的人在日常生活中与其他类型的人相比，是最不会因改变而烦恼的人。别人的指导越少，他们工作越来越舒适。他们的工作有时显得散乱，在感官—思考型及直觉—思考型的人看来，甚至是混乱不堪的。

直觉—感受型学习者常常同时投身多种活动，并根据兴之所至从一种活动转到另一种活动。他们常常是启动的方案多，完成的方案少。

4. 感官—感受型或人际型学习者

感官—感受型的人采取一种个人化的方式进行学习。感官—感受型学习者倾向于自发性，常常依据冲动与感觉行事。他们对人感兴趣，喜欢倾听和谈论人的感受。

感官—感受型的学习者特别喜欢他人的关注。当他们学习时，他们需要感觉放松、舒适、自得其乐。他们非常在乎别人的喜好，可以为取悦他人而不是出于自己的兴趣去完成某件事。

感官—感受型的人关注的问题是："这对我有什么价值?"表达价值、感受及个体记忆的机会最能调动他们的积极性。对于感官—感受型的学习者，学校与生活几乎没有区别，当学校远离了对人的关怀和现实生活问题，他们就会厌烦，无法投入，或者开始与同学聊天。

(三) 特质风格的形成

就学习风格来说，特质起源于能够敏感地分辨出具有某类行为倾向性的特殊信息，然后将这种行为倾向进行提炼，成为个体的一种能力，这种能力能保证在多样化的情境中有意义地应用这种行为。现在你对学习风格有了基本了解，你可以开始自我分析，可以仔细思考你自己的学习风格轮廓。

学习风格就好比肌肉，越用就越发达，越有力；用得越少，越不发达。还有一点也像肌肉，学习风格也可以通过练习而加强。个人轮廓反映了一个人的总的偏好与强势，以美国前总统林肯最著名的演说之一——《葛底斯堡》的阅读为例，我们对学习的特质风格轮廓进行感受和综合分析。像"葛底斯堡演讲"这样的文章，要想深入地阅读，就必须与文章互动，采用多种方法，才能弄清它的意义和措辞的细微差别。

我们还可以进一步进行思考：在阅读时，我会进行哪些精神活动？这一活动的结果与自己以前分析的学习风格轮廓有何关联？我是四种学习风格都用呢，还是只依赖自己最强势的风格？

(四) 运用学习风格的方式

一个聪明的思考者知道从不同的角度看待信息。如果将自己锁定在一种思维模式里，我们就会变得僵化。因此，教育者应该帮助学习者建立自己独特的学习风格。正如你能想象的，有许多方法可以将学习风格整合到教学中。这里介绍几种优秀的方法，帮助学习者形成特殊的风格，因材施教，整合课程，给学习者提供选择的机会，鼓励学习者选择不同的风格。

1. 注重根据不同的类型形成特殊风格

许多教师将根据班级需要，在本学年的所有课程中，均集中精力选择发展某种特殊的风格。下面是四位教师的故事，他们致力于发展学习者的某种特殊风格。

(1) 直觉—思考型

对于新泽西州玛丽·戴莉老师的班级而言，探索是学习的中心。戴莉老师说："我的学生正处于对周围世界好奇、兴奋的年龄，他们有成堆的问题，我就用这些问题来引导他们学习。"当他们开始学习"海洋生物"这一单元时，一开始用头脑风暴法提问，并把所有问题写在黑板上。例如，"为什么海水是咸的""鱼在水下如何呼吸"等。接着，玛丽老师和学生有选择性地阅读，以便回答提出的问题。经过阅读，有些问题获得了答案，但他们也会发现，又有更多的问题产生。他们再一次记录下提出的问题，然后通过到图书馆阅读，以及请教其他朋友、其他老师和同学进行研究。玛丽老师鼓励学生的好奇心，学生也因为主动地参与学习过程而获益匪浅。

（2）感官—思考型

新泽西州的桑德拉·拉基老师发现：生命科学课涉及的大量内容使她的学生不堪负荷，她还发现"直接教学法"可以使学生更好地掌握学习内容。她说"我试着引导学生如何去组织学习，以便掌握、记忆并应用所学内容。"从9月开始，桑德拉老师使用一台投影机和学生一起学习课本中较难的章节。学年一开始，桑德拉老师示范如何通过提问来挑选相关信息，并创造性地做有用的笔记。在读接下来的章节时，她允许学生以小组或个人的方式练习这种技巧。在接下来的两个月里，桑德拉老师继续教给学生一些新的技巧，如概念图、视觉化、两栏目笔记、主要观点笔记，并教导学生在不同情境下选择最合适的技巧。到11月末，学生在有效学习、处理复杂观点、内化基本概念、形成新旧联系等方面都有显著进步。

（3）直觉—感受型

纽约州的中学历史老师谢丽·吉本说："学生使用隐喻的经验越多，他们的思考与写作就越好。我喜欢他们在写作与讨论中使用隐喻。"为了帮助学生发展这种强有力的沟通方法，谢丽老师要求学生将历史阶段想象成食谱。例如，在学习进步主义时期时，他们研究了各种食谱，讨论不同成分间的反应(例如，酵母使生面膨松，热牛奶可激活酵母，肉桂可增加辣味与香味)。然后学生分组讨论：进步主义时期的美国史有哪些"成分"或影响力量？每种"成分"有什么影响与反应？有时，学生在竞赛中"接受烘烤"，教师及其他同学根据内容、清晰度、创造性及表达技巧对各"食谱"进行评分。

（4）感官—感受型

佛罗里达州开设有立足于社区的学习项目，其中之一是探讨一个社区问题——走失的宠物。为了切实地解决问题，学生们决定出版宣传册子并在社区中分发。他们到当地图书馆，研究别的宣传册子，在教师的帮助下，确立了自己要编写的宣传册的长度、风格、视觉效果以及结构。他们访问了当地的兽医及社区动物收容所的义工，以了解为什么宠物会走失、如何避免宠物走失、如何找到走失的宠物。利用了解到的这些情况，学生分小组撰写宣传册，选择合适的照片并绘制图片。在计算机房里，将做好的样本输入、扫描图片，最后将宣传册复印、装订好。学生们就在市区中分发，并存放在图书馆、超市及其他社区中心。

2. 整合课程，使课程体现风格的多样性与公平性

任何一门课程都具有将学习风格与学生的学习结合起来的多种可能性。围绕课程主

题，通过头脑风暴法提出各种选择和观念，可以顾及课程的方方面面，并吸引全体学生。一开始，列出适合你的课程的所有想法，当有了足够多的想法时，选择出你认为最有效的一些想法与每种风格一一对应，将这种选择调整、完善，就能满足教师的教学目标。

3. 让学生选择活动与评估

为了使学生能够选择学习风格，一种理想化的多元评估策略是"任务轮换"。任务轮换含一份清单，这份清单提供了与学习风格有关的各种评估活动，可以根据教师意图，以多种方式加以利用。例如，可以要求学生：①以特定的顺序，完成全部四种活动；②以任意顺序，完成某些活动；③完成的任务，一部分指定，一部分自选；④自由选择他们想完成的任务。

例如，教师在课堂上给出两个选题。然后请学生根据自己的情况任意选择其中一个主题进行研究和讨论。选择同一个选题的学生自动成为一组，在下一次讨论中，这两个组的学生进行主题的轮换。最后，大家对两个主题共同进行讨论。

选题1：狮子、老虎、熊与蚊子，世界上有很多动物，有的很刺激，有的很危险，有的很令人讨厌。它们为什么会在这个世界上？让我们做个调查。我们每个人选一种令人讨厌的、强大的，或者危险的动物，考察它在世界上的作用。当你认为你对所选的动物已经很了解时，选择两项有挑战性的任务，以表现你所了解到的知识，教师将把你的作业收入"我们所知的动物"图书馆。

选题2：制定一份动物保护计划，编写一则神话，解释你所调查的动物的一个重要特性或行为。

任务轮换提供了多样化的评估结构，在班级里可以有多种运用方法，学生可以找到各种活动，展示强项并受到弱项的挑战。

4. 支持学生以特定的风格进行学习

许多教师允许学生使用自己较喜欢的风格，以促进对内容的理解，而不是强求他们固守一种风格，如直觉—思考型风格。允许学生利用自己的风格特点，在掌握了曾经难倒他们的基本内容时，学生将建立起自信。这里有一个成功的案例，可以证明通过风格变换，改善了学生成绩，可以建立学生的自信。这是一个真实的故事：一位名叫米歇尔的"差生"，一直无法掌握和理解"人权法"。因为法案以掌握型的风格提供给米歇尔，要求他背诵一系列的修正案，阅读课文中无聊的议论。后来，米歇尔有机会以创造性的自我表达型风格来学习相同的内容，呈现在我们眼前的是米歇尔全新的理解图。

5. 分析教师在课堂上使用的风格

为了照顾到学生的每一种学习风格，并且鼓励每一个学生成为均衡发展的多元化的学习者,我们就必须为学生提供运用四种学习风格的机会。然而许多时候,教师本人往往听任自己的学习偏好支配课堂,教师甚至会不知不觉地造成这样的环境,使学生在其中既不感到舒适,也不觉得受到挑战。因此,我们必须将我们安排的工作,我们所提供的教学都摆到桌面上,分析一下哪些能够吸引、哪些不能吸引不同风格的学生。在教师的教学中收集应用每一种学习风格的实例,鉴别出在教师的课堂上最具代表性和最不具代表性的风格,从而促使课堂形成均衡的风格。

第四章　信息化背景下大学英语教学模式创新

在科学技术高速发展的今天，由于信息技术尤其是计算机三大关键技术（人工智能技术、数字化技术、信息和网络技术）的发展，可以说在英语教学中计算机有了主导教学的可能和条件。换言之，网络媒体支持由"情境""协作""会话""意义建构"所形成的学习环境，使学习者知识的获得并非完全通过教师传授，而是学习者在一定的情境即社会文化背景下，从不同层面、角度出发，借助原有的经验、认知结构，主动接受和选择加工外来信息，并借助其他人（包括教师、学习同伴、网络交流者等）的帮助，利用所能获得的学习资源（包括文字材料、影音资料、视听媒体、多媒体课件、计算机教学软件、网络上人与人的交流）以及从互联网上文献检索获取的信息，通过与教师、学习同伴等的交流、协作，最终以意义建构的方式获得。

信息技术正在给大学英语的教学模式带来巨大的冲击。有了互联网，学生获取知识的便利性、灵活性有了非常大的提高。这就使得教学模式的多样化、开放化和专业化有了客观的必要性。教师要探索线上与线下融合、校内与校外结合、开放与特色并重的多样化教学模式。

第一节　信息化背景下大学英语教学模式的构建路径

建构主义理论的核心是以学生为中心，强调学生对知识的主动探索、主动发现和对所学知识意义的主动建构。情境、协作、会话和意义建构是建构主义学习环境的四大要素。"情境"是学习者进行学习活动的社会文化背景，学习者在真实的情境下，借助社会性的交互作用和利用获得的学习资源，可积极、有效地建构知识。"协作"是学习者在学习过程中，以已有经验为基础，在特定的情境下，以特殊的方式建构，并强调学习者与教师、学习同伴、网络交流者等的相互作用。"会话"是协作过程中通过人人、人机交互，使每个参与者的思维成果（智慧）为整个学习群体所共享，以实现意义建构。"意义建构"是整个学习过程的最终目标,所要建构的意义在于事物的性质、规律以及事物之间的内在联系。建构主义学习理论的基本特征是"学习的自主性、情境性和社会性"。

一、建构主义指导下的信息化教学模式的设计原则

基于对建构主义学习理论内涵的认识,建构主义指导下的信息化教学模式设计思路可概括为:在整个教与学过程中,强调以学习者为中心,利用情境、协作、会话和资源等学习环境要素,通过对学习者的知识、认知特征和背景的分析,设计适应学习者的学习资源、学习策略、认知工具,并通过教师和学习伙伴的帮助,充分发挥学习者的主动性、责任感和创新精神,有效地实现对当前所学知识的意义建构。在这种模式下,学习者是知识意义的主动建构者;教师是教学过程的组织者、指导者,意义建构的帮助者、促进者;教材等教学资源是学习者主动建构意义的对象;视听媒体是用来创设情境进行协作学习和会话交流,即作为学生主动学习、协作探索的认知工具。因此,构建信息化教学模式时可遵循以下设计原则。

(一)学习自主性原则

学习是学习者建构自己知识结构的过程,这就意味着学习者不是被动地接受来自外界的刺激,也不是把知识机械地从外界搬到记忆中,而是在原有经验的基础上,主动地对外部信息进行选择与加工。通过新旧知识经验间反复、双向的互动作用过程来获取、建构新知识的过程。也就是说,无论是语言知识还是语言技能,都要靠学生自己主动去学、去练,这样才能有长进,教师的作用只能是主导而不能包办代替。因此,学习者要通过学习策略训练,培养自身的自主学习能力,在教师、学习同伴等的帮助下,实现知识意义的主动建构。

(二)真实情境创设原则

建构主义认为,学习是一个积极主动的、与情境联系紧密的自主操作活动。在这个过程中,知识、内容、能力等不能被训练或吸收,而只能被建构。由此,情境学习的建构总是以学习者已有的知识结构为基础,有选择地知觉外在信息,根据具体实例的变异性建构当前事物的意义,即情境学习借助获得的学习资源,把所学的知识与一定的真实任务和情境挂钩,倡导合作学习,解决实际问题。情境教学具有以下特点:首先,学习的任务情境应与现实情境相类似,以解决学习者在现实生活中遇到的问题为目标;其次,教学过程应与现实中问题解决过程相类似;再次,科学的科目教学应创设有丰富资源的学习情境,其中应包含许多不同情境的实例和有关信息,以便学习者根据自己的兴趣、爱好去主动发

现、主动探索，从而实现学习者的认知灵活性，形成对知识的多角度理解，把知识学习与具体情境联系起来。通过多次进入重新安排的情境，使学习者形成背景性经验，从而掌握知识的复杂性及相关性，在情境中形成知识意义的多方面建构。

(三)学习的社会性原则

建构主义认为，学习者与周围环境的相互作用对于知识意义的建构起着关键性的作用。知识不是抽象的，而是与学习的情境、学习者带入这一情境的经验及周围环境有密切关系。知识的复杂性使学习者不可能对知识有全面的理解；同时，由于情境中问题的艰巨性，学习者也不可能完全独立解决。学习者主动从不同背景、角度出发，在教师或他人的协助下，通过独特的信息加工活动(争辩、讨论和提供证据)实现知识意义的重新建构，从而使面对面的或通过多媒体网络进行的"协作学习"成为必然。学习者与周围环境的交互作用，促使学习者对知识的理解将更加丰富和全面(即对知识意义的建构)，认知水平也随之得到提升。因此，体现学习社会性的"协作学习"是整个学习群体共同完成对所学知识的社会性建构。

二、信息技术为建构主义理论提供技术支持

信息技术的发展和应用为建构主义学习理论提供了技术层面上的有力支持，促进了教学观念的根本性变革。自主学习理念的应用有效地克服了传统教学中的种种弊端，提高了学习者的认知能力、分析和解决问题的能力，使大学生的素质教育和创新教育落到了实处，为建构主义学习理论的应用奠定了基础。

(一)超媒体与"自主学习"

认知心理学的研究表明，人类思维具有联想特征，经常从一个概念或主题转移到另一个相关概念或主题。超媒体是按人脑联想思维方式非线性组织管理的一种先进技术，它按照人脑联想思维方式，将文、图、声、像等不同媒体信息整合，将讲解、演示、测验等不同教学内容整合，将预备知识、当前知识与扩展知识整合，构成了一个丰富而生动的超媒体学习环境。这和人类思维的联想特征相吻合，从而实现对教学信息最有效的组织与管理，使学习者自由联想能力得到发挥，促进创造能力的培养。同时，教学信息的非线性使学习者可以根据自己的实际情况，通过联想，自由选择不同的路径，进入不同的链接点，从一个主题跳转到另一个主题，即从一个链接点跳转到另一个链接点，灵活地浏览各节点的内容(包括文本、声音、图形、图像、动画等)，为自主学习奠定了基础。多媒体技术的交互功能提供了图、文、声并茂的多重感官综合刺激，使学习者可以依据自己原有的认知

结构、认知水平和兴趣，自由选择、自主控制学习内容及其呈现方式。

（二）虚拟现实技术与"情境学习"

虚拟现实是计算机与用户之间的一种更为理想化的人机界面，人可与计算机生成的虚拟现实环境进行交互，与传统计算机相比，虚拟现实系统具有三个重要特征：临境性、交互性、想象性。在现代教育技术环境中，虚拟现实技术应用图形、声音和图像再造构建出逼真的课堂教学情境，将学生置身其中，以求获得最佳的教学效果。人与计算机生成的虚拟现实环境的交互，在虚拟现实技术"构建"的交互性课堂中，教师和学生可以是真实的或虚拟的，学习者可以是一个或多个，教学模式可以多样化以及教学方法的可选择性使教学进度可由多方控制。在教学过程中，学习者和教师同是教学的设计者和控制者，这种教学方式克服了传统班级授课限制学生主动性和独立性的缺点，确保了师生双方的作用得到充分发挥。虚拟现实技术创造和展示各种趋于现实的学习情境，把抽象的学习与现实生活融合在一起，有效地激发了学生的思维，使学生以丰富的想象力实现知识意义上的建构。

（三）多媒体通信网络技术与"协作学习"

计算机通信网络与多媒体技术融合而成的多媒体计算机通信网络是计算机网络和多媒体技术发展的必然趋势，它兼收并蓄计算机的交互性、多媒体的复合性、通信的分布性及电视的真实性等优点。在网络学习环境中，学习者既可实现信息资源共享，也可实现利用网络介质进行信息交流，打破了地域和时间上的限制，学习者自主地选择学习内容、学习方法、学习时间、学习地点、学习条件，改变了被动的、被支配的、受监控的地位。网络资源共享使学习者获取学习信息的资源极大丰富，帮助了不同层面的学习者获取平等受教育和平等竞争的权利，为面向民众的全面素质教育的实施和语言文化交流的国际化奠定了基础。网络教学中的"协作学习""小组讨论""在线交流"等学习策略使师生之间、学习者之间通过交流信息实现情感互动。换言之，网络中的"协作学习"对高级认知能力的发展、合作精神的培养和良好人际关系的形成等具有明显的支持作用。

三、高校英语信息化教学模式的构建

基于以上分析，信息化教学的某些特征为建构主义学习理论提供了技术层面上的支持，其学习环境与建构主义学习理论所主张的学习环境相一致，体现了学习的自主性、情境性和社会性。因此，用建构主义指导信息化教学不仅必要而且可行。大学英语信息化教学模式可按教学目标分析、创设情境真实、自主学习、协作学习、意义建构五个关键环节进行教学设计。

(一)教学目标分析

本环节主要负责分析教学目标、确定学习内容、提出本课或本单元要达到的教学目标,以确定当前所学知识的"主题",并以此组织教学。大学英语是一门语言实践课,从语言发展的内在规律来看,听、说、读、写、译五项语言基本技能是紧密相连的。听、读过程是学习者自外而内获取语言知识,即输入过程;而说、写、译则是学习者将所学知识自内而外的再现过程,即输出过程。因此,学习者要根据自己的实际情况构思完成教学目标的方法与手段,通过学习操作实践去实现教学目标。教师提出的教学目标的难度应以大多数学习者能通过为宜,并应具有层次性,以适应不同程度的学习者。教师通常还应指导学习者将一些大的任务分解为几个小目标,以便学习者分步进行学习研究。

(二)创设真实情境

建构主义认为,学习总是与一定的社会文化背景,即"情境"相联系的。在实际情境下进行学习,可以使学习者利用自己原有认知结构中的有关经验去同化和索引当前学习到的新知识,从而赋予新知识以某种意义。如果原有经验不能同化新知识,则要引起"顺应"过程,即对原有认知结构进行改造与重组。总之,要通过"同化"与"顺应"来达到对新知识意义的建构。学习个体不同,认知特点也会不同。教师要帮助学习者分析自身的知觉、记忆、思维以及动机、经验、情感等因素,找到学习内容与自身认知结构的结合点,用最符合学习者认知心理的外部刺激去促进他们对新知识的"同化"和"顺应",完成知识意义的建构,并把其智力引向更高的水平。目前,我国已拥有卫星网、DDN专网、IP宽带网和有线电视网等天地合一、多网集成的信息传输运行平台,可通过实时模拟、双向答疑、视,音频文字一体的多媒体、BBS讨论区、教学内容的网上交流等多种途径,实施教学计划指导下的非实时自主学习,以调动学习者的所有感官和过去的经验去探索与解决问题,使其对知识掌握得更加透彻、更加形象,有效地促进其朝着个性化学习、自主式学习方向发展,使其在因材施教、个性化发展的过程中完成提高语言水平的实践。因此,创设从不同侧面、不同角度表征知识的多样化情境,可为学习者的探索提供多条路径,使其可随机进入任意学习情境,实现知识的正迁移。

(三)自主学习

当代英语学习理论强调,学习者在学习过程中起决定性作用。在网络学习环境下,学习被看成是学习者自发地与外界相互作用的产物。学习不是死记硬背,而是一个"积极地从所发生的事件中寻求(甚至强加)意义的创造性过程"。在这个过程中,学习者要根据自身的水平,寻找适合自己能力的学习起点、学习目标以及学习内容和方法,并确定自己的一套评估体系的能力，以扩大学习活动的自由空间，解决个体差异的需求问题，使每个学生的潜能得到最有效的开发。也就是说，教学对象要从客体过渡为主体，语言本身、教材和教法属于客体，是外部因素；学习者是主体，是内部因素。学习者借助多媒体网络教学系统提供的弹性学习环境，随时随地开展学习。并且能够下载或输出所需材料，从而实现网络资源的提供者和获得者进行实时和非实时的交流，使学习者在学习中遇到的问题能得到及时的解答和讨论。例如，学习者可以有针对性地重点学习词汇、用法或学习篇章结构和背景知识，或选择反复训练听力和发音。自主学习的方式突破了课堂时间的限制，不仅适合不同水平、不同学习要求和目的的学习者，也体现了个性化的教学原则。

（四）协作学习

由于知识的复杂性和在情境中解决问题的艰巨性，个人根据自己的经验所建构的对外部世界的理解是不同的，且存在着局限性，通过意义的共享和协调，才能使理解更加准确、丰富和全面。由此，协作发生在学习过程的始终，会话是协作过程中不可缺少的环节。学习者通过在内容丰富的情境中的对话与合作，通过对各自见解的协商而达到对新知识的构建与共享。可以说，会话是达到意义构建的重要手段之一。在信息化学习环境下，学习者面对面地进行实时在线语言交流或通过多媒体网络进行实时的文字交流的"协作学习"，使每位网络资源提供者和获取者的思维与智慧被整个网络学习群体所共享，即整个学习群体共同完成对所学知识的意义建构。尽管"理解"属于个人的建构物，无法共享，但可以与他人进行交流，通过交流检验和修正自己的"理解"，使之更符合客观规律。网络资源提供者和获取者之间有着动态的信息交互，学习者既可通过访问网络站点进行在线学习，也可通过文献检索在线资源来选择自己所需的学习内容，以达到获得知识的目的。在学习者与教师的协作过程中，学习者获得教师的帮助，教师获得学习者的信息反馈。在情境中学习时，教师既是组织者也是参与者，他们既可以通过电子会议系统、电子黑板等实现同步协作，也可以通过电子邮箱实现异步协作。"协作学习"可在两个以上的学习者之间进行，既可在有组织的情况下进行，也可直接面对面地或通过网络论坛进行。学习者可在比较分析同一问题的不同观点时提升自己的认识结构，加深对知识的理解，并在对不同观点进行梳理的过程中，提高自身知识意义建构的能力。

（五）意义建构

意义建构是学习过程的最终目标，所需要建构的意义是指知识或学习主题等的意义，即事物的性质、规律以及事物之间的内在联系。在这个环节中，学习者要根据自身在学习过程中，通过各种不同形式获得的各类不同信息形成自己的学习体会或研究成果，并且以文字材料、视听媒体、影音资料、多媒体课件和主页等多种形式将成果具体体现出来，以汇报学习成果并进行总结评价(包括学习者个人的自我评价、学习小组对个人学习的评价及教师对学习者的点评),主要目的是使学习者在一个完整、真实的问题情境中产生学习的需求,并通过学习共同体成员之间的协作学习,通过学习者主动探索、亲身体验,完成对知识的意义建构过程。实践证明,意义建构是使学习者适应真实生活,逐步学会独立认识问题、提出问题和解决问题的一条十分有效的途径,有助于学习者在综合实践中提高自身的综合素质。

科学技术的高速发展,使得信息技术应用为建构主义学习理论提供了技术层面上的支撑,优化了大学英语教学资源与教学环境、教学过程与教学目标,促进了学生的学习效率和教学效果的提高。这说明信息化教学代表着先进的教学理念和先进的教学手段。

应该说,现代信息技术所构建的英语教学环境具有了情景的信息化、英语学习的全球化和个性化,为大学英语教学模式的改革奠定了坚实的基础。因此,现代教育技术支持的当代建构主义学习理论对于知识建构的意义可诠释为:学习是学习者主动地建构内部心理表征的过程,它不仅包括结构性的知识,而且包括大量的非结构性的经验背景;学习过程既要运用原有的经验建构对新信息的理解,也要建构从记忆系统中提取的旧信息;不同的学习者对事物的理解(建构)不同,协作学习有助于使理解更加丰富和全面;其主要表现为:在学习过程中,强调以学习者为中心,同时不忽视教师的指导作用,强调"情境"和"协作"等学习环境的设计,强调利用各种资源来支持自主学习,以达到学习的最终目的。

第二节 现代信息技术下大学英语教学模式的创新

一、教学模式的建构

(一)教学模式建构的基本原则

从素质教育观出发,教学的目标就是培养学生的能力和发展学生的个性。教学的本质是教学生"学",学习的本质是学会学习;课堂教学是实施素质教育的主阵地,是师生双向互动沟通得以形成"回路"的主渠道。因此,课堂教学活动的基本任务就是挖掘学生的学习潜能——不仅仅着眼于当前知识的掌握和技能的训练,更要注重学生的能力开发和未来发展。楼房的建造,须依靠墙体或柱子的支撑;课堂教学流程的构建,也必须依赖有力的"支点"支撑。

1. 理论的科学性与实践的可行性相统一原则

一定要以科学的理论为依据建立教学模式，教学模式不仅要能够体现教学的本质与规律，还要反映出当前社会培养人才的特点；同时，还必须以教学实际为出发点，充分结合当前国家教育教学的发展情况进行实践，真正做到理论的科学性与实践性相统一。

2. 主体性原则

美国著名教育家杰罗姆·布鲁纳认为，我们应当尽可能地使学生牢固地掌握科学内容，还应当尽可能使学生成为自主的思想家。这样的学生，当他在正规学校的教育结束之后，将会独立地向前迈进。

课堂教学质量的提高，一方面要发挥教师的主导作用，另一方面绝对不能离开学生在学习中的主体作用。学生是课堂教学的主体，是活生生的人，他们有感情、有思想，而不是没有生命、没有知觉的留声机、录音机。传统教学立足于教师单方面的输出作用而忽视输出后学生的反馈作用，传统教学的主要特征可以概括为"三中心论"：以书本知识为中心、以课堂教学为中心、以教师为中心。创新教育要求广大教师树立与新的教学理念相适应的学生观，充分尊重学生在学习过程中的主体地位，采取多种形式的方法和手段促进学生能力的主动发展，从而提高学生的整体素质。

3. 普及与提高相统一原则

建立教学模式就要服务于普及教育，所以应该将重点放在"普及型"教育模式的开发上，尤其要注意多开发一些与农村及偏远地区的师资、生源和教学条件相适应的教学模式。在教育的问题上，我国都是先普及后提高。以实验学校为代表的城市学校适合多开发些"提高型"的教学模式，使之成为典范，然后教师水平与教学条件逐渐提高，使"提高型"的教学模式向"普及型"教学模式发展。因此，建立教学模式要从本地、本校的实际情况出发，不仅要适合普及的需要，也要考虑提高的需要，将普及与提高统一起来。

4. 批判继承、合理借鉴与积极创新相统一原则

科学发展的特殊之处在于历史的继承性。因此，在对教学模式的历史和发展进行研究时得出了这样的结论：新的教学模式的形成也要吸收已经存在的教学模式的可取之处。我国自从改革开放以来，与其他国家的交流越来越频繁，国外的教学模式也为我国教学模式的构建提供了有力的借鉴。我们要在吸收借鉴的基础上进行创新，吸收已经成功的经验，吸取别人失败的教训，这样国家与国家的差距就会缩小；我们要对历史的遗产进行批判性地继承，吸收国外有益的经验，让教学模式能够取得更大程度的创新发展，进而对现有教学模式难以解决的问题进行解决，并适应教学的需要与时代的发展。创新教学模式有两层

含义：一是构建一种之前从未有过的新型教学模式，二是健全和完善已有的教学模式。同时，创新教学模式还可以是在教学研究的领域加入其他研究领域的新的优秀成果，建立新的教学模式。因此，可以从各个角度进行创新，而且创新的程度也是各不相同的，有可能再证实比完全的创新价值更大。

(二)教学模式建构的基本方式

1. 演绎法

演绎法就是先做出一个科学理论假设，推演出一种教学模式，接着通过实验的方式对这种假设的优越性进行验证，其出发点是科学理论假设，思维过程是演绎。以演绎法进行教学模式的构建有以下两种方式：一是，使相关的基础研究成果直接形成教学模式；二是，根据在观察与实验中得到的材料直接进行教学模式的组织与设计。演绎法包括教育行动研究法、教育实验法等。

2. 归纳法

归纳法就是总结归纳之前的教学经验，进而形成新的教学模式，其出发点在于经验。通过归纳法构建的教学模式也有两种：一是，加工改造历史上较为优秀的经验；二是，对当前优秀教师在教学实践的过程中获得的先进经验加以总结、提高、系统化。因此，归纳法又叫升华法。归纳法包括文献研究法、教育经验总结法、课例研究法、观察法等。

二、多媒体支架式教学模式

不同的学者对支架式教学的定义不同。

罗森赛恩(Rosenshine)认为，支架式教学就是教师或更有能力的同伴为帮助学生解决独自不能解决的问题而提供帮助、支持的过程。[1]

普利斯里(Presley)认为，支架式教学模式是按照学生的需求帮助他们，在学生的能力获得提高后便不再帮助。[2]

目前，欧共体"远距离教育与训练项目"(DGXII)的文件中提到的支架式教学模式的定义是应用最为广泛。文件中认为，支架式教学模式是支架式教学应当为学习者建构对知识的理解提供一种概念框架。学生者在深入理解学习问题的时候是需要框架中的概念的，

---

[1] 黄敏，李友利，"支架式"教学模式在大学英语口语教学中的应用研究[J].齐齐哈尔师范高等专科学校学报，2020(2)：136-138.
[2] 王华.支架式教学在英语阅读教学中的应用探索[J].成才之路，2019(34)84-85.

为此,事先要分解复杂的学习任务,这样就能一步一步,循序渐进地让学习者深入理解学习问题。简言之,是通过"支架"(教师的帮助)把管理调控学习的任务慢慢从教师转给学生,最后撤去"支架"。①

(一)理论基础和模式特点

1. 理论基础

维果斯基(Vygotsky)认为,在个体智力活动中,自身具有的能力可能不足以解决存在的问题,通过教学,个体在教师帮助下能够将能力提升到可以解决问题的程度,这就是最近发展区理论。也就是说,最近发展区可以定义为:个体独立解决问题时的实际发展水平(第一个发展水平)和在教师的帮助下解决问题时的潜在发展水平(第二个发展水平)之间的距离。可见,教学决定了个体的第一个发展水平与第二个发展水平之间的状态,教学可以创造最近发展区。

建构主义认为世界是客观存在的,但是对世界的认识,个人与个人都是不一样的,这是主观的。人根据自身积累的经验进行知识的建构,由于不同的个体积累的经验与对经验的信念存在差异,所以个体在理解外部世界的时候也会存在差异。在建构主义者看来,知识的建构更应该在原有的经验、心理结构和信念的基础上进行,并且将学习的主动性、情景性与社会性作为重点强调,把学习分成初级学习与高级学习,注重自上而下的教学设计及知识结构的网络化,倡导改变教学脱离实际情况的情景性教学。

2. 模式特点

多媒体支架式教学模式将多媒体技术与英语课堂教学有机整合,创设语言情境,充分发挥教师的主导作用和学生的主体作用,将学生学习英语的主动性、社会性、情景性和创造性融为一体,促进学生的生理、心理与智力和谐发展,使其兴趣、情感和意志得以激励。多媒体技术使学生能够通过多种感官获取知识,促使学生由形象思维向抽象思维转化,不停地把学生的智力从一个水平提升到另一个新的更高水平。

(二)实证研究

对于在大学英语教学中所使用的多媒体支架式教学模式,鲍静实施了实证研究。其中,支架式教学模式的步骤有:搭建支架、进入情境、独立探索、协作学习、效果评价。笔者在这一步骤的基础上,将研究对象确立为大学专业英语精读课堂,并将《现代大学英

---

① 张震.基于支架式教学模式的元认知能力培养[J].宿州学院学报,2011,26(1)103-105.

语》第二册第二课作为研究范例。第二课主要讲的是一对夫妻对于同一件事的看法存在分歧，进而体现了个人观点差异和种族观念不同的文章主题。

1. 搭建支架

在教学开始之前，教师要为学生提供课上要用到的资料，并且对学生解释这些资料的用途，让学生自己对材料进行理解，这就是所谓的搭建支架。搭建支架的过程中，教师先要为学生播放动画录像，学生在看完视频之后要说出自己的想法。视频中的大致内容是关于一对男女在思考以及处理相同的问题时出现很大的认知差异。举例来说，男人在购物的时候总是买完需要的就走，但是女人可能会逛街逛一整天，最后什么都不买。教师构建支架的方式为播放视频，一方面，可以生动形象地向学生传递课堂主题；另一方面，能够让学生对这个主题产生学习的兴趣。教师能够通过多媒体支架式教学模式让课堂变得生动而活跃。

2. 进入情景

这一环节就是教师带领学生进入问题情景之中，布置任务，让学生说出自己的观点。学生看完全部的录像之后，教师向学生提出问题——男女之间的差异与矛盾除了视频上所说的几点之外还有哪些，让学生思考并在课堂上展开讨论。接着，就这些不同点思考产生的原因。在陈述完原因后，教师通过多媒体图片与推荐美国畅销书《男人来自火星，女人来自金星》进行话题总结。在这本书中，男女之间差异的原因可以通过插图与简介了解。教师在总结时采用多媒体支架的形式，比直接告诉学生答案更能让学生主动接受。这一环节完成之后，学生还可以在课下继续阅读，寻找答案。在此，教师已经成功引入了教学主题之一，就可以引导学生对文章进行理解，让学生了解文章中介绍的其中一个主题，即性别让想法产生差异。

3. 独立探索

这一步骤指的是学生立足于集体思维成果进行独立思考产生自己的想法。教师在这个环节可以在多媒体的辅助下向学生提出问题，且问题要一步一步地深入，让学生一边回答问题，一边独立挖掘文章更深层次的主题，即种族观念的问题。教师要通过多媒体向学生提出问题，然后学生讨论得出自己的答案、教师给出答案。这种做法不仅可以让学生对答案记忆更深刻，还能够起到语言的示范作用。把上述问题的所有答案组合起来就会得出新的文章主题。所以，多媒体支架在引导学生独立探索文章主题上起到了重要的辅助作用。

4. 协作学习和效果评价

学生和学生、学生和教师协商讨论，共享尝试探索过程中的成就，共同解决问题就是协作学习。而效果评价则指客观性测试、个人的自我评价与集体对个人的学习评价。完成文章的主题讨论之后,教师按照文章的主题又提出了新的问题供学生讨论。在此过程中,学生发掘自身潜力,教师不干涉学生的学习。通过多媒体,学生还可以在观点的把握、理解和探索上更加深入。在展示之后,教师和学生可以共同给出评价。

多媒体支架包括图标、图片、视频等各种方式,学生通过这些方式在掌握概念、理解信息时就更加容易了。多媒体支架式教学引导学生自己形成思考并应用知识,对于较难理解的知识和新信息的挑战,多媒体支架的辅助恰好可以帮助学生更直观有效地理解所学知识点。

三、微课教学模式在大学英语教学中的应用

(一)微课应用在大学英语教学中的优势

1. 不受时间限制,随时随地是课堂

众所周知,课堂教学的传统模式就是上课的时间是规定好的,上课的地点也是固定的。所以,大学使用这种教学模式就会对学生完成教学任务、吸收知识与课后的评价产生制约。运用微课正好能缓解这些制约。当前科技快速发展,网络也遍布全球,学生在任何时间和空间都能应用网络,几乎人人都有手机,为学生随时观看微课提供了现实条件。学生可以随时随地完成课前预习、课后复习、背景了解、知识巩固等各种学习内容。学生在通过微课进行学习的过程中也能提升自主学习能力。

2. 短小精悍,针对性强

戴维·彭罗斯在2008年率先提出了"微课"一词,并且指出,微课就是未来教师为了向学生传递知识点与概念制作的短视频,每段视频大概为1~3分钟。近年来,我国研究微课的人越来越多,研究也逐渐深入,许多专家对微课进行了定义。胡铁生指出,通过微型教学视频对某个知识点与教学环节设计开发的新型情景化,能够支持多种学习方式的在线网络视频课程就是微课。① 从国内外众多学者对微课的定义中可以看出,"微"是其核心,微课最重要的一点就是短小精悍。当前社会是信息化社会,众多的信息都需要人们去接收,也有更多的事情等着人们去做,学生在课下不可能花费相当多的时间去观看学习视频。而每段微课视频的时间都很短,针对的是一个知识点,并将这个知识点中所有的重点

---

① 王晶. 基于产出导向法的英语微课教学研究[J]. 黑龙江教师发展学院学报,2020,39(7):151-153.

内容都呈现于视频之中，不必花费学生太多的时间，也更容易让学生理解内容，使学生在进行课堂学习时拥有更高的学习效率。

3. 模式新颖，有吸引力

微课的兴起是一种新颖教学模式的尝试，对于学生学习来说非常有吸引力。它让单一枯燥的英语学习变得生动灵活、丰富有趣。在微课视频中，不受时间、地点的限制，可以遨游世界，领略各地风采，可以运用图片、声音结合所要讲述的内容，进行有目的的安排，提高学生学习英语的兴趣，吸引学生的同时让学生学会相应的知识。

4. 类型多样，顺应不同教学需求

微课操作起来相当灵活方便，按照教学需要能够开展各种各样的微课形式。胡铁生提出，微课可以根据教学内容性质、教学方法、使用对象和主要功能、最佳传递方式、微视频的主要录制方法等分成几种不同的种类。举例来说，根据教学方法的不同，可以将微课分成讨论类、实验类、探究学习类、问题类、练习类等；根据最佳传递方式的不同，可以将微课分为活动型、解题型、讲授型等几种类型；根据录制方法的不同，可以将微课分为录屏型、摄制型、混合式等几种类型。教师必须在教学需求的基础上设计微课课程，微课虽然短小，却凝结了教师的教学理念和设计思路。

(二) 微课在大学英语教学中的应用

如何在大学英语教学中更好地应用这一新的教学模式，是我们正在探索和实践的内容。微课的应用模式包括以下几种。

1. 微课的课前预习应用

每一位大学英语教师都应该知道学生的课前预习是相当重要的，若是他们没有好好进行课前预习，课堂或许就不能顺利进行，最后达不到预期效果。学生不提前预习就不能大体上了解课文内容，反而要在课堂上花费时间。然而课堂上时间是固定的，若是教师在导入主题的时候花费太多时间，那么课程重点与难点的教学就不能在课堂上完成，学生也不可能在课堂上进行参与及互动，只剩下教师一个人在讲台上讲。那么，教学模式又回到了传统型。如果学生在预习时观看微课视频，教师在进行课程导入时就会轻松许多。学生也能够对课文有一个整体的把握，也可以很好地适应教师的授课方式。因此，教师要提前上传微课视频，给学生布置学习任务，学生以个人的形式或者小组合作的形式完成都可以。在备课时，教师可以根据自己的教学设计进行微课的录制，可以将学生思考的问题以及要学生讨论的问题呈现于微课中，这样就可以很好地辅助课堂教学了。

2. 微课的课上授课应用

若是教师一直在课堂上讲，学生就会感到乏味无趣，时间一长就会导致注意力的转移。所以教师根据教学内容在合适的时候播放微课视频能够节省课上的时间，还可以让学生保持注意力的集中，让课堂的效率更高，学生也会对课程内容产生更深刻的记忆，而且有更多的时间去消化和吸收课堂上传递的知识。当前，一大批高校的英语教师都尝试了使用基于微课的翻转课堂教学模式。学生应教师的要求观看与课堂内容相关的微课视频，教师可以在课堂上通过翻转的形式实施教学。在这种情况下，学生成了课堂的主角，参与到学习活动之中，并且实现了其课堂中的主体地位。

3. 微课的课后巩固应用

一节课结束后，对于当堂课内容做出及时的总结和检测是非常重要的。通过微课的形式让学生在课下及时进行回顾和反思，确保学生真正掌握知识内容，可以达到事半功倍的效果。

（三）微课在大学英语教学应用中的注意事项

1. 目标明确，主题分明

一次微课解决几个问题就容易使目标不清晰、定位不准确，最后导致主题不明确，不能达到微课应用的效果。目标过多，容易使微课变成压缩了的课堂教学，使微课流于形式，失去其真正的意义。因此，在大学英语教学中引入微课教学的教师一定要注意这一点，它是决定微课使用成败与否的关键。

2. 把握时间，不宜过长

很多英语教师没有真正弄懂什么是微课，往往在进行微课设计时，内容繁杂，时间过长。进行微课教学时应该把握好时间，一般在1~3分钟之内，也可以稍长到5分钟。时间过长，会影响学生观看学习的效果。微课兴起后，很多大学英语教师尝试将微课运用到自己的教学中去，可是初期很多教师对于微课了解不深，误把微课当成是课堂教学的微缩版，微课录制超过10分钟，甚至到20分钟。时间过长，内容太多，没有达到微课的真正效果。其实，微课教学视频长度以小于10分钟为宜，这样既能将一个知识点讲透，又不会花费学生太长的时间。

3. 结合教师教学，给学生启发与思考

虽然"微"是微课的核心内容，但是教师设计制作微课时也要花费不少的时间与精力。

每一段微课视频都包含着教师的教学理念，教师也要对其进行整体的设计，还要以任务驱动、问题向导、反馈互动为基本原则，使学生在学完微课之后能够获得知识。微课在应用上较为灵活，教师可以通过微课进行教学辅助，还可以让学生通过微课提高自主学习、自己思考的能力，好的微课会使学生的生活与学习都得到帮助。

微课产生并应用于大学英语教学之中，使大学英语教师在完成教学任务方面更加轻松，而且对学生扩展知识面、提高学习兴趣也有一定的帮助。但微课的应用同时对大学英语教师提出了更高的要求，教师在设计制作微课时要全面考虑、反复修改，使微课和课堂教学能够很好地融合。因此教师要充分了解微课的概念和特点，分析大学英语教学亟待解决的问题，利用微课拓展大学英语课程的教学思路和方法。

四、慕课教学模式在大学英语教学中的应用

（一）慕课的应用

1. 教师讲解与慕课播放的有效结合

在慕课背景下的高校英语教学，教师可以将自身的课堂讲解与慕课播放两种方式有效结合起来。即在英语课堂上通过播放录像及视频文件的方式，将学生的学习兴趣充分调动起来。在教学过程中，学生在观看视频时还能加强思考，慢慢进入课堂教学的环境中，从而自发地进行英语学习，这就有利于学生思维能力和学习积极性的提高。

2. 应用慕课创新阅读教学模式

教师要灵活运用慕课进行英语阅读教学模式的创新，以培养学生的思维能力及自主学习能力。教师在具体教学中，可搜集与英语阅读有关的慕课，先让学生观看视频，然后以视频当中的英语阅读为例，教授给学生正确的英语阅读方式，以此来提高高校学生的英语成绩。此外，在进行英语教学的过程中，教师在课堂上需要根据班上学生的兴趣爱好、学习特点、学习能力及英语水平等选择合适的慕课，以此展开高效的英语阅读教学。并根据教学标准，对不同层次的阅读进行针对性的问题设定，这样就能达到提升学生英语成绩与水平的目的。

在高校英语教学的过程中，通过英语阅读训练，能够快速增强学生的英语口语交流能力，帮助学生提升英语水平；同时，通过培养学生的口语能力及阅读能力，还能使慕课教学变得实用化。通过采用创新的视觉模式训练学生的英语感官，通过图画及影像等激发学生的兴趣，让学生在阅读的过程中具有明确的目的，这样学生就能带着问题进行英语阅

读,并对阅读的文章结构有整体的了解和把握,从而更加熟练地掌握英语阅读技巧。

3. 应用慕课减轻学生学习压力,提高学习效果

慕课教学主要是通过一定的网络平台进行教学的。教师与学生之间有足够的时间进行交流沟通,且无须面对面,这在一定程度上减轻了学生的心理压力,从而很好地帮助学生排除心理障碍。教师在运用慕课进行教学时,要灵活运用情感教学方式,使学生能将自己的学习感受或遇到的问题及时地与教师进行交流,并逐渐找到适合自己的学习方法,这样学生的自学能力及英语水平才能得到有效提升。

(二)慕课教学的优势

近年来,国内外各大知名高校纷纷投身慕课的课程建设中。慕课与网络教学视频、传统的远程教育以及在线应用或单一学习软件不同,它是一种新型的大规模在线教育课程。慕课教学模式包含课程、课堂教学、学生学习进程、师生互动体验等。与传统大学英语教学相比,慕课具备自身优势,不同于以往传统的教学模式,推动了高校大学英语教学改革,切实提升了学生的英语实际应用能力。

1. 慕课的推广有助于普及教育公平发展

学习者只要通过邮箱注册,不受国籍和地域的限制,即可参加国内外名师课堂的学习,能够共享优质的教育资源,使教育公平、民主的目标得以实现。慕课能使优质教育资源分布不均的问题得到一定程度的缓解,使学习者获得均等的学习机会,共享多种教育资源,包括师生关系、教育内容、教育方式等。

2. 发挥学生学习主体地位,转变教师角色

现代教学模式主要依托教师讲授。教师对教学活动有主导权,给予学生的学习活动有限。而自主性强是慕课的典型特点,学生能够以自己的需求和兴趣等为依据对学习进行自主选择,对学习进程自主安排。学习者可以自主学习,如在线阅读、对视频反复观看、向教师提问、与同学互动等。这种新的学习模式突出了学生在学习中的主体地位,打破了传统的知识灌输式教学模式。在这种教学模式下,教师角色发生如下转变。

(1)由课堂的"主角"转变为"引导者"。传统教学一直秉承"教师中心""教材中心",学生处于被动接受的状态。长此以往,学生学习的主动性、创新性都受到很大的影响。在慕课来袭的大背景下,学生可以更方便地获得质量较高的资源。优秀教师的视频为学生提供了丰富的资源,学生可以在学校学习,可以在家中学习,在任何时候、任何地点都可以学习。学习方式也因为网络而发生改变,学习者可以轻松看视频,可以徜徉在学科游戏

中，可以在"讨论吧"自由地阐释自己的观点。学生的智商可以在慕课中得到发展，但情商与爱、责任意识都需要教师的引导，教师通过了解学生、分析学生，引导学生自主发展、自主学习，于是教师的教书职能在信息化过程中逐渐被弱化，分析师、引导者的职能逐渐被强化。教师是学生成长过程中的引导者，为学生成长提供优质服务。

（2）由学生学习的"监督者"转变为"协助者"。慕课使学习的时间、地点都变得很有弹性，所以教师"监督者"的角色受到冲击。但是教师作为"协助者"的角色还是不可替代的。教师需指导学生在使用慕课资源的过程中学会自学，慕课未必能呈现出一节课教学知识的全部，起的只是抛砖引玉或是画龙点睛或是直击病灶的作用。教育是一个很复杂的过程，不能单纯地通过网络教学完全替代传统教学，特别是刚开始推行慕课的时期，教师要指导学生在家完成网络在线的慕课学习，将课堂作为师生间深度知识探究、思辨、互动与实践的场所，真正使以教师为中心、以知识灌输为主的教学模式转变为以学生为中心、以能力提升为核心的个性化学习模式。

（3）由"单打独斗"者到"团队协作"者。慕课资源开发的复杂性使其技术门槛比较高，有时候单靠一名教师的一己之力难以为之，需要一个教师团队来合作设计。这就需要建立一支以各学科骨干教师为主的慕课研究团队，明确分工课程资源设计活动，如有的教师负责在一定框架下确定课程的教学目标，预设学生可能会遇到的热点、难点问题，突出教学重难点；有的教师负责搜集图文资料和网络信息，观看网络上同课题的典型课例的教学方法和教学资源，汲取百家之精华融入教学内容中；有的教师负责录制与剪辑视频、插入动画、添加字幕等技术制作工作，保证片头片尾的配乐清楚悦耳、图像清晰稳定、构图合理美观、逻辑思路清晰、教师语言精练精确，把最精彩的分析讲解过程呈现给学生，满足学生的心理需求；有的教师进行锦上添花式的质疑问难与研讨交流；有的教师负责网上发布、传播与维护；有的教师负责吸纳有信息技术特长的家长或学生的试用体会，收集意见与建议，并反馈给设计团队成员进行处理；有的教师负责审查慕课资源的科学性、知识性、系统性、逻辑性，在反复推敲的基础上修改完善慕课资源。总之，慕课资源中可以融入思维导图、视频、图片等多种元素，以使其中每句话、每个字、每个画面之间都体现出一定的逻辑联系和知识概念架构，但这个构建过程需要一个配合默契的团队来完成。

3. 能调动学生更深层次的学习兴趣

慕课将优质教学资源进行整合，除了拥有一批有共同兴趣的学习者，可以自行调节学习速度以外，还可以使整个学习过程告别单一的师生关系，使学生不再感到枯燥乏味。互动在视频播放、社区讨论以及课后作业等各个环节均有体现，学生学习的兴趣被充分调动起来。

4. 真正做到"因材施教"的个性化教学

慕课教学模式在提供学习平台的同时将大量数据搜集起来，并引入现代技术对学生的学习规律进行深入分析，从而为后续的教学活动提供强大的数据支持，而不再仅仅依靠经验行事。学生在学习过程中的各种细节均能在数据中反映出来，而且还能对学生的学习轨迹进行跟踪、监控和记录，包括学生的学习难点、学习时间、重复访问记录、学习方式及最佳学习时段等，并通过对这些数据进行分析，提出合理建议，做到因材施教，使差异化、个性化教学的难题迎刃而解。

5. 优质的教学资源极大地丰富了大学英语教学

慕课的发展给我们提供了一种能大大缓解教育资源分配不均、课程内容陈旧、教学方式落后以及学生创新、创造力不足等问题的手段与途径。慕课课程整合众多网络工具和数字化资源，形成人性化、多元化的学习工具和丰富的课程资源开拓教和学的渠道。更新教和学的方式，内容实时更新，增强了英语教学的开放性和灵活性，营造出一个接近以英语为母语国家的英语学习氛围，学习者浸润其中，英语水平便会突飞猛进。慕课中的微课程内容丰富，题材多样，语言地道鲜活，有关科技、文化、社会生活、历史地理、人与自然等方面的材料丰富，突出了英语的丰富性和人文色彩，真实的英语母语使教学内容更加贴近学生、贴近社会生活，更地道实用，大大激发了学生的积极性。慕课可以培养学生学习英语的兴趣，提高其英语的实际应用技能，培养其运用英语的成就感，进一步激发其学习欲望，改变其学习状态。慕课突破传统课程在时间、空间上的限制，依托互联网，使学习者在家即可学到国内外著名高校的纯英语课程。我们要建立系统、开放、动态、立体的课程体系，融必修与选修于一体，使网络与课堂互补。目标就是把大学英语课程建成大学生真心喜欢、终身受益的优质课程，以更好地满足大学生接受高质量多样化大学英语教学的需求，更加适应国家经济社会发展对人才培养的要求。①

第三节 信息化大学英语教学平台的创建

一、信息化大学英语教学平台

信息化是以现代通信、网络数据库技术为基础，对所研究对象各要素汇总至数据库，

---

① 王莉莉. 翻译慕课与英语课堂教学糅合模式研究[J]. 湖北开放职业学院学报, 2020, 33 (12): 159-160.

与特定人群的生活、工作、学习、辅助决策等和人类息息相关的各种行为相结合的一种技术。使用该技术后,可以极大地提高各种行为的效率,为推动人类社会进步提供极大的技术支持。教学平台是指为开展教学实践使用的一系列软硬件设施的统称,其中包括提供开展教学实践的场所,传统的有教室、操场,新型的有网络、电视等,还包括设立的课程、教材资源、教学设备等。因此,信息化大学英语教学平台就是以现代通信、网络、数据库技术为基础进行大学英语教学实践的场所。本书具体对E-Learning(数字学习、电子学习)教学平台与虚拟教室进行论述。

二、E-Learning教学平台

(一)E-Learning教学平台的概念及体系结构

1. E-Learning教学平台的概念

E-Learning教学平台是基于互联网实现网络教学的必要条件。它是建立在网络基础设施之上的、用计算机网络编程实现的学习环境。其后台是系统程序和被程序组织起来的数据库,前台是网页界面。从技术角度上讲,E-Learning教学平台是一个基于数据库的信息管理、发布系统,以提供教学服务为原则,其用户通常分为讲授者、学习者和管理员,其学习管理系统主要是存放的以课程为单位的课件、试题库以及教学多媒体资源。E-Learning教学平台把文字、图形、影像、声音及其他多媒体教学软件的先进技术有机地融合在一起,利用网络讲座、电子邮件、网络论坛等信息技术进行教学,使知识信息的传递方式和空间都有了极大的拓展。

2. E-Learning教学平台的体系结构

E-Learning教学平台的系统架构一般包括学习管理系统、虚拟教室工具、套装式在线教材、定制化在线教材、在线测验等模块。它包括五个部分:网上课程开发系统、网上教学支持系统、网上教学分析系统、网络教学资源管理系统和相关应用系统互操作接口,其中前四个部分分别完成网络课程开发、网络教学实施、网络教学分析、网络教育资源的管理和维护功能,第五个部分则用来解决网络教育开展过程中涉及的网络教育系统与其他相关应用系统的操作问题。

(二)E-Learning 教学平台的特点

1. 知识的可重复性

由于 E-Learning 教学是网络化的在线学习，不受时间、场地限制，因此学习者可以在自己任何有学习需要的时候调用学习资源进行预习和复习，充分巩固学习效果，避免了课堂学习容易遗忘的问题。

2. 知识的网络化

学习的知识不再是一本书，也不再是几本参考书，而是有关的专业知识和数据库。在数据库的支持下，知识体系将被重新划分，学习内容将被重新组合，学习与研究方法也将发生新的变化。

3. 学习的自由性

学习的终端是学习者桌前的计算机。学习者学习时不一定非要循规蹈矩地按照一定的顺序，他们可以按照自己设定的学习进程随时随地进行学习，并且无论在学习过程中遇到什么问题，都可以凭借网络提供的丰富的知识库或者与教员或其他学习者的非实时交流获得相应的帮助。

4. 学习的可跟踪性

学习者的所有学习活动都被记录下来，作为评估学习效果和分析学习需求的依据。

5. 学习内容保持及时、持续的更新

所有的知识内容(包括学习教材在内的各种学习资源)可以在第一时间保持更新，同时保证知识的一致性。

(三)E-Learning 教学平台的应用

随着网络教育技术和网络教育技术标准的发展，符合网络教育技术标准的 E-Learning 教学平台也日益丰富，如 Web CT、Blackboard、Virtual-U、Moodle、4A 网络教学平台、天空教室、Web course in a box 等。

1. Web CT

Web CT，即 Web Course Tools，是由加拿大英属哥伦比亚大学的 Murray Goldberg 教授

编写的一套以网页为本的电子教学平台。从我国校园网和互联网使用的普遍性来看，英语教学可以 Web CT 为工具，运用 PHP、ASP、VRML 等语言格式创建课程主页，可依托校园网站服务器建立单独的站点目录，配置 IIS 信息发布系统建立网络站点，发布给学生，让学生上网学习。英语课程主页设有课程说明、教学大纲、教学进度表、主题学习任务、讨论、作业、成绩、评语、校历等栏目（即环境）。"各栏目设置各自的内容。运用 Web CT 营造课程网上学习环境，可推动学习过程中学生与网络、学生与学生、学生与教师的全面互动与合作，为学生的语言使用、问题探讨开辟交流、合作以及自主学习的平台。Web CT 成为学生课内外合作与自主学习的重要工具与导向。"①

Web CT 可以用来存放网络英语教学课件和教学资源，还可以为学生和教师提供交互工具。Web CT 提供了一个设计环境来描绘"桌面模式"，在这个通常受限的网络界面，工具是可利用和统一的。这个教学平台具有丰富的素材组织和管理功能、方便快捷的交互功能、完善的作业提交功能和测试评估工具及教学追踪、控制等功能。Web CT 数据库还能体现教师的答疑情况、学生的学习情况、疑难问题等的详细记录。

2. Moodle

Moodle 是目前比较流行的网络教学平台系统之一。Moodle 这个词是 Modular Object-Oriented Dynamic Learning Environment，即模块化面向对象的动态学习环境的缩写，是一个用来建设基于互联网的课程和网站的软件包。Moodle 是澳大利亚教师马丁·多格玛斯（Martin Dougiamas）基于建构主义教育理论而开发的网络课程管理系统，是一个免费的开放源代码的软件，目前在各国已广泛应用。所谓网络课程管理系统，是指为基于网络的课程的教与学提供全面支持的软件系统，这类软件系统也称学习管理系统（LMS）或虚拟学习环境（VLE）。Moodle 平台依据建构主义的教学思想，即教育者（老师）和学习者（学生）都是平等的主体，在教学活动中，他们相互协作，并根据自己已有的经验共同建构知识。

作为创设虚拟学习环境的软件包，Moodle 具有如下特点：

（1）总体设计。Moodle 比较容易安装，可以支持大量的多种类别课程，特别重视整个系统的安全性。所有的界面设计风格一致、简单、高效，而且不需要特殊的浏览技能。

（2）网站管理。网站是由在安装时定义的管理者进行管理的。管理者进入"主题"可以设定适合自己的网站颜色、字体大小、版面等。在网站中还有活动模块和 40 多种语言包用以满足不同国家的学习者的需求。

（3）用户管理。每一位用户都可以选择一种语言应用于 Moodle 的用户界面，可以指定自己的时区和相关的数据，鼓励学习者建立一个在线档案，包括相片、个人描述、电子邮件地址，而且这些信息可以依据用户要求不呈现。

---

① 朱晓申. 英语合作学习策略与网络自主学习方法交互的探索[J]. 教学与管理，2007(36)：124-126.

如果学习者有一段时间不参加活动，其注册将自动退出。为了安全起见，教师可以设定课程的登录密码。课程的开设账户仅仅对建立这些课程和教授课程的人公开。学习者可以创建自己的登录账号，而其电子邮件地址将需要验证。

三、基于虚拟仿真技术的虚拟教室

（一）虚拟仿真技术概述

虚拟仿真技术是20世纪末兴起的一门崭新的综合性信息技术，是发展到一定水平上的计算机技术与思维科学相结合的产物。它采用以计算机技术为核心的现代高科技生成逼真的视、听、触等一体化的虚拟环境，用户借助必要的设备，以自然的方式与虚拟世界中的物体进行交互，是一种人与虚拟环境进行自然交互的人机界面。它由计算机硬件、计算机软件以及传感设备等组成。这种技术的特点在于计算机产生一种人为虚拟的环境，人可以直接观察、操作、触摸、检测周围环境及事物的内在变化，并能与之发生交互作用，给人一种身临其境的感觉。

（二）虚拟教室的定义与构成

虚拟教室（Virtual Class）是运用计算机技术、多媒体技术、数字压缩技术、网络通信技术等信息技术，将多学科、多领域融合交叉而形成的产物。它是在计算机网络的基础上，利用多媒体技术构建成的教与学的环境，可使身处异地的教师和学生相互听得到、看得见。它是以建构主义理论为基础，利用计算机多媒体技术、网络技术、现代通信技术等构建的数字化网络教育支撑平台。它为教师和学生提供了一个类似传统的教室，同时不受时间、地点限制的网络教学环境。

虚拟教室不同于传统教育中的教室概念，它不仅具备可以进行类似于上述所说的传统教育的环境，而且是一种使学生身处学习对象之中的逼真环境。举例来说，如果学习飞行器驾驶技术，那么虚拟课堂就是飞行器飞行的模拟环境；学习解剖学时，虚拟课堂可以是在虚拟医院。虚拟课堂甚至可以使学习者身临超越现实时空的学习环境，如探索星系时的虚拟课堂是虚拟太空，研究分子原子结构时的虚拟课堂是虚拟微观世界。

虚拟教室系统根据其功能可分为三个组成部分：使用者部件、控制中心以及教学资源库。各组成部分之间的关系如图4-1所示，它们构建了三层架构的功能模型。

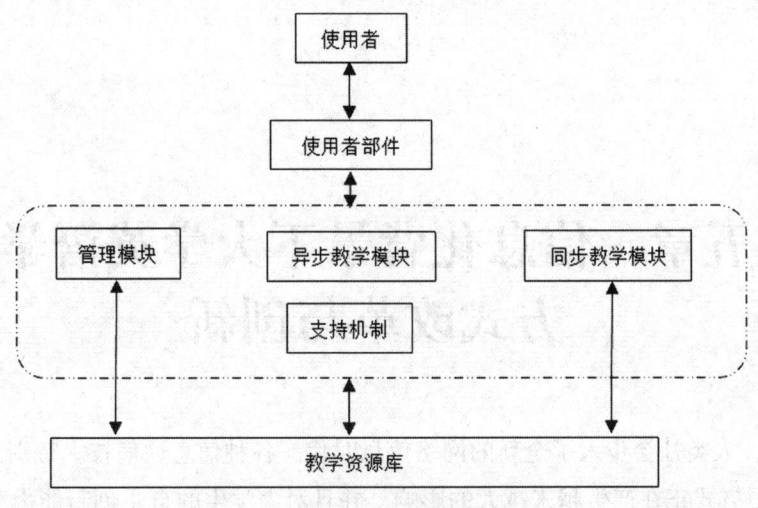

图 4-1　虚拟教室的功能结构

(三) 虚拟教室在大学英语教学中的应用

1. 将虚拟教室运用于大学英语课堂教学

根据教育改革的方针,当代大学主张"以学生为主、教师为辅"的教学模式。很多科技进入大学英语课堂,如多媒体的运用。如今,教师可以利用虚拟教室将学生带入模拟的英语学习环境中。在英语教学课堂上,教师可以利用虚拟现实技术让学生和自己喜欢的伟人、明星等进行面对面的交流和探讨,让学生身临其境地感受英语的魅力。例如,教师在讲授美国人物文章时,可以把该人物的经历编入虚拟环境中,让学生"亲身"感受该人物的特点,从而掌握更多的英语知识。

2. 将虚拟教室应用于大学英语实践教学

在大学英语教学中,仍然有些大学受到传统教学模式的影响,对英语教学实行传统模式的教学,对学生进行一味地灌输,而忽略了学生对所学知识的掌握情况和实际运用能力;有的大学虽然引进了多媒体的教学方法,但仍然是以室内课堂授课为主,外出实践的机会较少。虚拟教室在大学英语教学中的应用可以大大提高学生的户外实践能力,教师可以虚拟社会环境,如外资企业的应聘现场、企业工作环境、国外商场对话等。这些外部环境大大提高了学生毕业后在职场或生活中的实践能力,让学生身临其境地感受到社会对英语人才的需求,体会英语在社会中的实际运用。

第五章 信息化背景下大学英语学习方式改革与创新

21世纪，人类社会步入了全新的网络信息时代。各种信息通信技术特别是互联网技术对大学的学习方式正在产生越来越大的影响，并且对大学生的自主创新能力和大学人才培养质量提出了更高的要求。在这种新的社会背景下，传统的学习观念、学习方式表现出多方面的不适应性，从而对大学学习方式的全面变革即"大学学习创新"提出了迫切需求。本章针对信息化背景下大学英语学习方式改革与创新进行探讨，内容涉及信息化背景下大学英语自主学习和移动学习。

第一节 信息化背景下大学英语自主学习

一、信息化背景下大学英语自主学习的现状及动机培养

（一）高校大学英语网络自主学习的现状分析

1. 学生缺乏自主学习的主观能动性

目前，作为高校学生的必修公共课之一，大学英语在高校并没有受到应有的重视。学生也没有认识到英语课程的重要性，仅将其作为自己应付考级的工具。基于此，在学习英语时，有些学生也只是将其停留在完成老师的教学要求的认识上，而不会自己主动进行查漏补缺。

2. 网络学习资源内容单一、陈旧，形式单调

让学生借助于音频资源发现自己在学习方面的问题并弥补不足，进而提高学生的语言

综合能力，是英语网络学习平台的主要目的。但是，由于高校没有给予其足够的重视，也没有投入相应的资金和建设力度，从而使得英语网络学习平台中的现有资源较为单一、陈旧且落后，对学生而言没有足够的吸引力。

3. 自主学习评价指标不客观

目前，我国高校对英语自主学习的评价大多还只是将一定数量的学时分配给学生，只要学生在规定的时间内完成规定数量的作业，便可以获得相应分数。显而易见，这一评价机制存在一定的问题，它并不能准确反映学生真实的学习情况，也无法帮助教师及时了解学生进行英语自主学习的效果。

4. 自主学习缺乏监管环节

学生通过网络平台在进行英语学习时，不免会存在这样的问题——一心二用，也就是一边浏览与语言学习无关的网页，一边打开学习平台刷课。无疑这会大大降低语言学习的效率和成效。之所以会出现这一问题，主要是因为目前的自主学习过程缺乏有效的监管，只是一味地强调完成学时的量而忽略了最终学习的过程。

(二) 信息化背景下大学英语自主学习动机的培养

1. 应用信息化技术线上引导与面对面交流，降低学生的焦虑

信息社会的到来和科学技术的高速发展，使得学生接触到的高科技产品越来越多，获取信息的渠道也越来越广。但是，面临如此多的信息获取渠道，学生反而会不知道从何下手，在浪费了时间的同时也没有什么大的收获。这一负面影响最为显著的就是大一新生，在他们还没有适应新的学习环境和方式的时候，自身的思维和意识依旧停留在对老师的依赖中，所希望的是受到老师的指点和引导。由此，便决定了当他们没有接受到老师及时的指导之后，会产生一定的焦虑情绪，严重的会失去对学习的信心，进而无法完成学习任务。有些学生因此放弃网络英语自主学习。

因此，教师应该使用网络在线信息引导和课堂面授反馈相结合的方式，帮助学生掌握英语学习方向，提高英语学习效率。

(1) 在线信息指导

在线信息指导指的就是教师通过网络对学生进行语言学习的指导和帮助，帮助学生减少花费在浏览网页上的时间，帮助其更快、更好地进行信息的选择和获取。在网络通信软件的帮助下，教师可以将每一次课的教学要点和难点告知学生，指导其利用网络对不同的知识点加以学习，学会攻克不同的知识难点，提高其学习效率。由此，便可以在一定程度

上减少学生因与教师面对面交流而产生的胆怯和不安,让学生在学习方面获得成就感的同时,也可以增强对英语自主学习的兴趣。

(2)课堂面授反馈

在现代教育理念和教学模式中,大学课堂教学的重点不再是教师,而应当是坐在下面的学生,这就是人们常说的"翻转课堂"。采用多种多样的方法检查学生线上和线下的学习情况,告诉学生存在的普遍问题,引导学生分析造成共性问题的原因,采取何种措施解决这些问题,不断提高自主学习的效率。例如,在读写课堂教学中,主要训练的是学生的阅读技巧。为实现这一教学目标,教师可以先就不同的段落为学生设置相应的问题,并对每一段落中的核心词汇和短语加以重点标注,这样学生在借助网络进行英语自主学习时,就可以针对教师所设置的问题进行学习,在节省时间的同时也提高了学习效率。学生在学习这篇文章时,还应当借助网络了解与文章作者、写作背景、写作目的等有关的资料,厘清并分析文章的段落结构,把握文章的主题思想。在进行下一堂教学时,教师应当让学生对文章中的短语和词汇加以翻译,并进行词汇造句、段落讲解和情景对话,这样可以较为直观地检验学生的学习情况。在课堂教学活动结束之后,教师首先要做的是对学生的自主学习加以肯定和表扬,然后再指出其中所存在的问题,帮助学生发现自主学习的不足并加以改进,增强学生自主学习的信心。

2. 丰富多样的教学方法,培养学生的自主学习兴趣

在信息化社会中,英语教学拥有了丰富的教学资源,并可以采用较为直观、生动、形象的教学方法,帮助学生更好地进行自主学习。但是应当注意的是,教师在为学生选择学习视频或音频时不能太随意,应当结合所要学习的知识点,并考虑学生的现有语言水平,增强学习资源的针对性和有效性。

(1)主题讨论

主题讨论借助 QQ、微信等网络通信工具得以实现。在进行主题讨论时,教师可以以单元教学内容为依据进行问题的设置,并将学生分成几个学习小组进行讨论。在进行问题讨论时,学生可以脱离内容的限制,也不考虑自己的观点正确与否、语法正确与否,将自己放置在与教师平等的地位进行探讨。在这样一个较为自由、宽松的学习环境中,可以最大限度地激发学生的学习兴趣,发散其学习思维,让学生通过面对面地沟通与交流,习惯用英语来表达。当然,在课后,教师应当安排学生对自己的语法和不会表达的英语词汇进行查找和学习,增强学生对词汇的印象和记忆。

(2)人机交互

教师应当大力提倡学生借助英语语言学习平台,进行《视听说》教材中的口语和听力训练,并一边听一边复述所听到的内容与对话,掌握句子中单词连读、弱读和重读的发音技巧。由此,不仅锻炼了学生的听读能力,也在一定程度上有利于学生的口语表达能力提

升，训练其利用英语进行对话的能力，激发学生学习英语的热情和兴趣，从而更好地开展英语自主学习。

（3）课堂情境创设

传统的英语教学方式和教师的备课模式在信息社会中出现了大的改变。在现代化的英语课堂教学中，教师不再是一个人站在讲台上滔滔不绝地讲课，反之更多的是欣赏学生的学习作品与成果。教师在进行备课时，也不再如传统教学一般在纸张上罗列教学过程，而是借助 PPT 等现代信息技术，在授课过程中插入相应的问题，并让学生进行预习。例如，在正式上课之前的导入部分，教师可以利用多媒体或电脑播放一首与学生将要学习的内容有关的歌曲或视频，引起学生的学习欲望和兴趣；在教学过程中，教师可以安排学生进行小组讨论、抢答、学生制作与展示 PPT、歌剧表演等，也可以让学生自己选择表现形式，让学生充分展现自我，让学生在愉快的氛围中进行英语自主学习。

3. 培养合作式的学习氛围，激发自主学习动机

个性化是大学英语自主学习在信息技术环境下的一大特色。但是不能否认的是，信息技术也会对英语学习产生一定的负面影响。例如，有的学生会因为缺少与教师面对面的交流而产生学习焦虑，严重的甚至会放弃英语学习。在学生进行自主学习时，如果教师可以适时参与其中，则可以减少这一问题的出现。由此，在英语自主学习过程中，可以借助以下几种方式减少学生焦虑情绪的产生。

（1）在线交流

教师可以借助网络通信软件与学生进行在线交流和讨论。例如，学生在借助网络进行英语自主学习时，如果遇到了自己无法解决的知识难点，可以通过 QQ 或微信向教师进行在线咨询和提问，教师和学生也可以在群里进行相关问题的讨论和问答。这期间，每一个学生都可以自由表达自己的观点，也可以对个别知识点的学习进行合理性质疑。在线交流的学习形式并不限于以上所说的一种，学生还可以通过 QQ、微信语音功能进行自我介绍，传递电子邮件、讨论、提问、辩论、交流学习体会等培养学生主动参与的意识。

（2）在线合作学习

在线合作学习过程中，教师应当以教材或与教材相关的内容为学生设置相应的问题和任务，学生可以选择自己独立解决问题，也可以选择与同学进行合作。其中，后者应当是英语基础好的学生带动基础差的学生学习，并对其进行辅导。灵活性是在线合作学习的一大特色，只要学生在规定的时间内完成，就可以选择同时进行或不同时进行的方式。合作学习的成果最后在全班共享，特别优秀的成果也可以年级共享。

（3）课堂合作学习

课堂合作学习是教师把课堂的主角让给学生，让学生积极参与课堂，避免了课堂沉闷的气氛，培养学生独立思考和敢于发言的能力。在大学课堂教学中，教师所发挥的作用主

要体现在两个方面：一是启发，二是引导。在课堂合作学习过程中，教师可以采用拼图法、猜词法、抢答法、编号法、分组讨论法、记分法等不同的组织形式，并根据学生的实际水平设置相应的问题和教学内容，力争让每一个学生都可以参与其中，让每一个学生都可以感觉自己受到了教师的重视和在课堂教学中的重要性。在学生进行讨论之后，教师可以选择几个学生将自己的观点加以阐述。最后，教师应当针对学生的观点进行点评和总结。在总结过程中，教师首先要做的是对学生的观点加以肯定。在此基础之上，再提出其观点的问题和不足。这一学习方法在活跃课堂气氛的同时，也会拉近学生与学生之间、教师和学生之间的关系，帮助学生克服焦虑情绪，强化其进行语言学习的动机。

综上所述，教师应当根据授课班级的具体情况进行具体分析，采用合适的教学方法和手段，并充分利用现代信息技术和多媒体的帮助，营造一个轻松的学习环境与氛围，激发学生的学习动机与兴趣，为社会发展培养所需要的人才。

二、大学英语网络自主学习中心及其建设

(一) 大学英语网络自主学习中心的构成要素

目前，许多学校建有英语网络自主学习中心，并以此作为实现英语网络自主学习的主要形式。英语网络自主学习中心作为学习平台，与传统的自主学习中心有着巨大的差异。相对于传统自主学习中心的物理场所概念，网络自主学习中心实质上是一个在线学习支持系统。

一个理想的英语网络自主学习中心，通常包括以下元素。

1. 学习资料和使用指南

(1) 学习资料。它包括各类书籍文本资料、多媒体视听资料、课件、测试题等。

(2) 使用指南。它指导学习者使用平台上的学习资料。学习指南可以是文本形式，也可以是应用程序的形式。

2. 在线导师辅导和学习者档案系统

(1) 在线导师辅导。它针对学习者的特点和需求，提供实时的辅导。解答学习方法和学习内容方面的问题，帮助学习者对学习的各方面做出决策。在线辅导人员必须具备全面的英语教学专业知识，一般可由大学英语教师担任。

(2) 学习者档案系统。它记录学习者在中心的各种学习活动和结果，包括学习者的来访记录、资料使用情况、测试与评估情况等。

3. 测试与评估软件系统

此系统可以对学习者的英语水平、学习能力、学习风格等提供在线评估,可以提供学习决策和建议。如果有教师在学习者需要时能提供在线支持,则效果更好。

4. 在线互动平台和在线课程

(1)在线互动平台。它为学习者相互之间的交流提供平台,如 BBS、博客、聊天室等。

(2)在线课程。学习中心可以提供学校正式课程以外的辅导性课程,以帮助学习者有针对性地提高相关能力。

(二)大学英语网络自主学习中心的作用

1. 优化学生的自主学习环境

当前,多数高校英语网络自主学习对英语学习平台进行的登录均是通过校园网完成的。在安排学习时间时,必须针对英语网络自主学习室的学习特地安排好部分学时,网络自主学习室必须配置专业的辅导老师负责解答学生提出的各种问题;同时,学校公共计算机机房资源应该按照现实状况面向学生开放。自主学习平台应该通过学习预约系统安排机位学习时间,目的是减少学生在学习时间方面出现的矛盾,使学生享受到更好的服务。

2. 增加趣味性的学习互动模块

教师是课堂教学中师生互动的主导者,教学效果会在互动教学的推动下获得极大的提升。在设计网络学习系统时,应该着重关注互动环节在英语网络自主学习平台中的实施,互动模式要与在大学生中普及的多种社交平台进行融合。为了实现及时互动与在线教学,应该将学习互动交流群、学习微信公众号、学习讨论微博平台与学习答疑平台融入学习系统中。为了提升学习的吸引力以及学生对学习的兴趣,应该在现代化的社交模式基础上实现立体化的教学互动。

3. 引入移动 App 学习模块

在移动网络极速进步的大背景下,现在的大学生群体已经开始广泛使用智能手机,移动设备在大学生的社交生活中发挥着重要作用。大学生在手机中下载使用大学英语自主学习平台的 App,可以让学生的学习摆脱时空的限制,真正获得自主性,从而消除传统学习的弊端;同时,App 可以按照学生的学习状况及时通知学习进展,还可以把多数学生提到的学习难点推送到每个用户。在大数据的协助下,对引起学生关注的学习资源统计进行及时公开,引导学生通过手机 App 在课余时间学习。如此,学生学习的主动性以及学习成效才能得到大幅提升。

大学英语网络自主学习平台建设可以使学生摆脱时空的束缚,提升学习的个性化、自主性以及选择性。利用构建规模庞大的网络学习资源库能够增加学生学习大学英语课程的兴趣,使学生的英语语言综合能力得到显著提升,使科学化、网络化、智能化成为大学英语教学未来的发展趋势,推动大学英语教学的进一步发展。

(三)大学英语网络自主学习中心建设的措施

1. 加强英语信息资源个性化建设

目前,各大高校自主学习中心采用的是专门制作的学习资源,如《新视野大学英语》在线教学系统。该系统将词汇练习、翻译练习、听力、写作练习等同课本学习相关的方面涵盖其中。此外,诸多高校的学生听说训练系统选用的是《体验英语》《新理念大学英语》。学生拥有了出色的学习平台,然而这与学生个性化学习的需求还有很大差距。自主学习中心必须对英语学习资源进行进一步拓展。一方面,在信息化高速发展的今天,教师能够按照学生的能力对其他国家的原版教学资料进行搜集与编辑,并在学生自主学习过程中运用这些素材。与真实的语料素材进行密切接触是语言学习的必由之路。鉴于学生对有趣的内容更加感兴趣,中心可对西方电视台的诸多节目,如新闻、娱乐、访谈等的视频进行搜集,并供学生选用。同时,虽然大部分教师在教学过程中鼓励学生在课余时间对西方国家的主流媒体、报刊的文章进行浏览,但是,现实中只有极小部分的学生具有这种积极性。因此,教师应该在资料库中定期置入经过仔细挑选的素材,为学生的自主学习奠定基础。而且,倘若条件允许,还可将部分语言指导融入其中。另一方面,当前我国大部分高校均将 EAP 教学,也就是学术英语教学,作为未来英语教学的重点加以推广。学习资源以学生的专业为依据进行提供。总的来说,不仅要使学生的一般需求得到满足,而且要使学生获得个性化学习空间。

2. 突出教师在自主学习中心的作用

教师在构建自主学习中心的过程中发挥着重要作用,教师为资源收集提供了很大的助力。由于教师长期从事教学活动,熟知学生在学习方面的状况与要求,因此能够有针对性地对学习材料进行搜集与挑选。并且,中心必须及时更新视频和各种时事资源,而这与教师的认真劳动有着密切的联系。此外,由于在专业方面有一定的限制,英语教师在对关于 EAP 教学的资料进行搜集时,有时会碰到其他学科的专业资料,因此,英语教师应该同专业课教师保持密切的联系。

在学生自主学习过程中,教师发挥着重要作用。尽管自主学习为学生学习语言提供了很大的便利,然而,其面临着监督乏力、指导不力的问题。在高校扩招的大背景下,高校学生人数大幅度增长,教学占据了教师大部分的精力。因此,自主学习中心无法安排专业的辅导教师。然而,当前很多大学生仍然同高中时期一样,对教师有很强的依赖性,有的学生在挑选学习素材时仅关注相对简单的部分。因此,为了使学生的自主学习水平得到增强,教师必须发挥引导作用。教师应该鼓励学生在自主学习中心学习时制订具体的学习目标与学习计划,对学习材料与方法进行认真挑选,对学习进度进行管控,对自身的学习成效进行评估。在此过程中,教师应该将各种问题迅速反馈给学生。应该使学生慢慢体会到,自主学习是课堂学习的拓展,而不是无关紧要的。教师不仅应该教授学生语言文化技能,而且应该作为研究者对学生怎样学习与探究进行指导。

3. 提升自主学习中心的管理水平

只有全体工作人员一起努力,自主学习中心才能正常有效运转。首先,技术人员为硬件设施提供维护工作。其次,只有全院领导和教师同心协力,中心才能正常运转。领导进行整体规划,教师则负责方案的推行和在推行时寻找问题,对有关数据进行搜集,为接下来的调整奠定基础。此外,信息交流应该有畅通的渠道。只有如此,上级领导的要求才能顺利传达,中心的运转状况也才能明确地呈现出来。

大学英语的教学和改革在信息化的推动下有了长足的进步。大学英语教学在自主学习中心的协助下变得更加生动活泼,同时面临着更多的挑战。自主学习中心使传统的教学模式发生了很大的改变,为学生提供了极为丰富的学习资源,推动了学习方式朝个性化方向发展。然而,自主学习中心建设不是为了使教师获得更加充裕的休息时间,相反,教师会付出更加辛勤的劳动。学校和学院应该在资金与政策方面提供更多的支持。唯有教师的积极性被激发出来,全员参与,才能确保达到更好的教学效果。

第二节 信息化背景下大学英语移动学习

一、信息化背景下大学英语移动学习的理论基础及可行性分析

(一)大学英语移动学习的理论基础

1. 非正式学习理论

(1)非正式学习概述

非正式学习(informal learning)是一种隐含式的学习,源于直接的交互活动及伙伴和教师的丰富的暗示信息,这些暗示信息远远超出了明确讲授的内容。

早在20世纪50年代,世界经济合作组织就提出了三种学习概念,其中之一就是非正式学习。另外两个概念是正式学习(formal learning)和非正规学习(non-formal learning)。正式学习指的是学校的学历教育与参加工作后的继续教育;而非正式学习是指在非正式学习的时间发生的学习,这种学习由学习者自我发起、自我控制、自我承担,利用不具备教学性质的社会交往来传授与渗透知识。

利文斯通(Livingstone)将非正式学习定义为任何涉及追求理解、知识或技能的活动,这种活动不需要外部强加的课程标准就能出现。这一定义强调有意识的、自我引导的学习,强调学习者自主习得知识。然而,还有另一种模式的非正式学习,即个人在偶然的、没有预见到的情况下习得知识。这种偶然式的非正式学习说明个人并不是有意识、有准备地去掌握某种知识,而是在日常对话中,在听收音机或上网过程中学到了知识。

非正式学习的提出,让人们重新审视以往对学习的认识并进行反思,有利于形成学习型社会,推进终身教育;有利于提高各个机构、团体组织的效率;也有利于学习者的全面发展。

(2)非正式学习理论与移动学习

正式学习理论为移动学习的可行性提供了理论依据。学习既具有个体特点(思考、阅读等),也具有社会性特点(听讲座、讨论等)。基于阅读和思考等个体性学习活动所获得的知识深刻且带有一定的倾向性(个人感兴趣的),但花费时间较多,需要一定的毅力;而基于听讲座、讨论和社会交往等社会性学习活动所获得的知识广泛而不深入,但花费时间较少,不需要太大的毅力。因此,在进行移动学习设计时,根据非正式学习的特点,为学习者创造协作交流的环境,并鼓励他们参与讨论交流,以达到获取知识的目的。

在非正式学习中,学习者利用手机、电脑等可以随时随地存取内容与信息,通过电子邮件、即时消息、聊天或博客等手段相互沟通,在旅途中以视频、游戏、音乐、图片或者电视自娱,通过监控办公应用程序和工具提高工作和学习效率等。在非正式学习中,学习者可以通过无线网络访问局域网中的学习资源,上传或下载学习资料;在集成外部信息获取设备和相应软件的基础上,进行问题探究、情景模拟等不同形式的非正式学习活动。智能手机在通信能力上优于掌上电脑,更适合灵活多样的非正式学习方式。随着技术的日趋完善和价格下降,智能手机将是一种相对普遍的移动学习终端设备。

2. 情境认知与学习理论

(1)情境认知与学习理论概述

20世纪90年代以来,情境认知与学习(situated cognition and learning)理论依赖其深刻广泛的理论基础,超越了传统的、基于心理学的情境观,并从人类学、批判理论、生态学与政治学等相关学科的研究中反思自身的发展,进而成为20世纪90年代学习理论领域研究的主流。情境认知与学习作为一种能够提供有意义学习并促进知识向真实生活情境转化的重要学习理论,有着丰富的内容和鲜明的特征。

情境认知强调将知识视为工具，并试图通过实践中的活动和社会性互动促进学生的文化适应。情境学习则认为知识是基于社会情境的一种活动，而不是一个抽象具体的对象；知识是个体与环境交互过程中建构的一种交互状态，不是事实；知识是一种人类协调一系列行为，去适应动态变化发展的环境的能力。

情境认知与学习理论强调外部学习环境对于学习的重要意义，认为只有当学习被镶嵌在运用该知识的情境中时，有意义的学习才有可能发生。因此，在教学中要提供真实或逼真的情境与活动，以反映知识在真实生活中的应用方式，为理解和经验的互动创造机会；提供接近专家以及对其工作过程进行观察与模拟的机会，在学习的关键时刻应为学习者提供必要的指导与搭建"脚手架"，重视隐性知识的学习，为学生建构学习模式、搭建抛锚式学习的支架，增强学生的自信心。

对于自然科学知识的学习，情境认知与学习理论主张学习者走进大自然，进行野外考察；对于社会科学知识的学习，则主张学习者走进社会，进行调查研究与访谈。但是，野外考察、调查研究与访谈等学习活动难以组织，成本较高，在一般的学校教育中开展得较少；另外，在学生走进大自然或社会进行考察、调查研究等学习活动时，知识的获取变得困难，这大大影响了学习的质量。

(2) 情境认知理论与移动学习

随着学习理论从行为主义范式到认知主义范式，再到建构主义范式的不断发展，人们对学习的认识逐渐从单纯的信息加工、知识传递向情境学习转变。在情境认知学习理论的支持下，移动终端给人们提供了很好的机遇。学习者可以携带移动终端进入真实的问题情境或工作情境中进行非正式学习。在基于移动终端的学习中，移动终端由传统的内容传递和信息反馈工具转化为学习者知识建构的工具。它协助学习者在特定的情境下进行意义建构，引导和扩充学习者的思维过程，改善学习者的心智模式，并最终促进知识的内化与问题的解决。

情境感知主要依据情境提供信息或服务，这些信息和服务与使用者目前的任务相关。目前，移动通信技术的迅速发展使随时随地获取任何知识成为可能，这将极大地提高学习活动的质量。因此，移动学习为情境认知与学习理论提供了技术支持，情境认知与学习理论则为移动学习提供了理论基础。在移动学习系统设计时，应当多为学习者提供真实情境的学习环境，让学习者将学习与现实生活结合起来，以提高他们的知识迁移和解决实际问题的能力。

3. 活动理论

(1) 活动理论概述

活动理论的先驱鲁宾斯坦（S. L. Rubinstein）认为，人类的心理是在实践活动中形成的。因此，必须从"活动"的基本形态（劳动、学习、游戏）中研究这种现象。活动理论关注的不是知识状态，而是人们参与的活动、他们在活动中使用的工具的本质、活动中合作者的社会关系和情境化的关系、活动的目的和意图以及活动的客体或结果。活动理论的关键概念就是"活动"与"沟通",如何设计活动及如何在活动中促进沟通,则是活动理论的核心内容。活动学习(Action Learning)是指在实践活动中的学习,即以问题为中心组成学习团队,在外部专家与团队成员之间的相互帮助下,通过主动学习、不断质疑、分享经验,使问题得到解决。活动理论认为,自觉的学习和活动是完全相互作用和彼此依赖的(人们不可能不假思索地行动,也不可能有缺乏行动的思索)。学习不是传输的过程,也不是接受的过程。学习需要有意图的、积极的、自觉的、建构的实践,包括互动的意图、行动、反思活动。活动理论中分析的基本单位是活动。

活动理论认为,人类是作为与环境互动的一个特殊的要素而产生和存在的。所以活动(感觉的、心理的、身体的)和有意识的加工(学习)不可分割。有意识的意义形成是由活动促成的。个体的所知是基于有意识的意义形成和活动的互动。活动理论认为,学和做是不可分的,它们都是由意图启动。意图指向活动客体。工具中介改变了人类活动的性质,工具被内化后,还能影响人的心理发展。活动是一种历史地发展的现象,活动总是在文化中演进,如图5-1所示。

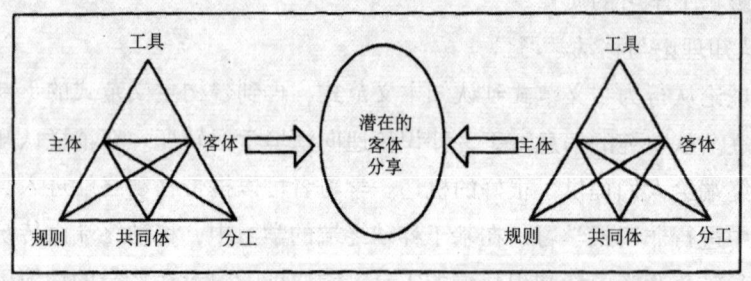

图5-1 第三代活动理论中两个相互作用的活动系统模式

活动理论有五大原则,分别是以目标为导向、具有层级结构、内化和外化结合、具有工具中介和发展原则。以目标为导向是指活动是指向目标的,无论采用什么样的活动形式,什么样的活动过程,其目标是一定的。活动理论具有层级的结构形式,列昂杰夫认为活动存在三个等级:活动、行动和操作。内化和外化是指活动对人的影响的两个方面。内化是将活动中的知识、技能、理论等内化到人的头脑之中,是学习者对外在世界认识的改变;外化则是因内化而改变学习者行为,改变学习者行为方式的表现。活动理论需要工具中介的介入。活动理论使用大量的工具,有基于人类文化的,如符号、语言等,也有物理的活动工具,如机器、自然环境等。这些工具是活动理论的基础。

(2)活动学习理论与移动学习

活动理论中关键的一点是,内在和外在是融合的、统一的。活动理论的内在在于理论本身的精神,是教学设计中灵魂之所在;而其外在的表现形式,是活动形式设计的表现。网络发展、硬件技术的成熟,已使网络的优势不断显现,新时代的教育已向个性化、终身化方向延伸，将活动理论的灵魂与移动技术结合起来必将为教育带来一阵清新春风。

活动学习的效果主要取决于问题的界定、活动的设计与组织以及学习团队成员之间的分工协作。但是，在学习活动进行之中，学习者能否随时随地方便地获取需要的知识与信息，是活动学习能否成功的一个关键因素。以移动学习技术为支撑开展活动学习，往往能充分发挥活动学习的优势，优化活动学习的效果。因而，移动学习为活动学习的开展提供了技术基础，可以让学习者充分发挥活动学习的优势，优化活动学习的效果。同时，在移动学习系统中，关于活动的设计也是应该考虑的问题。

活动理论提供了一个研究使用移动技术中介的学习活动框架，能用来较好地理解移动学习的活动和目标，能够解释移动学习情境中不同要素之间的关系，能够把握住影响移动学习活动中的关键要素。活动理论同样提供学习活动的历史观，诠释移动学习活动的连续性，导向不同情境中的共同目标。在此基础上，其强调情境和移动学习活动的关系，能有助于理解移动学习情境的特性和要素、学习活动发生的环境、学习活动中个体与移动技术和社会群体的关系。运用活动理论设计移动学习活动的思想是：通过某种移动学习设备中介，分析移动学习活动的角色和规则、共同体和劳动力分工，考察蕴含在移动学习活动中的物理和社会情境变化，分析学习过程和结果的不同视角，关注学习者参与的活动及所获得的进展。移动技术不应被理解为学习的客体，而是作为一种搭建解释学习者经验、深化理解、发展对话、互动观点和建立更有效学习环境的活动网络的工具，从而促进学习者的学习活动。

4. 经验学习理论

（1）经验学习理论概述

经验学习是指改造经验产生知识的过程。强调经验在学习过程中的所发挥的中心作用，这个定义强调学习过程中的四个重要方面：①强调适应和学习的过程而不是内容和结果；②知识是持续的构成与再构成的改造过程，不是独立实体的获得和传递过程；③学习是改造主观形态的经验和客观形态的经验的过程；④要理解学习必须理解知识的性质，理解知识的性质必须理解学习，二者密不可分。

库伯（kolb）的经验学习理论认为，学习中的自主性就是独立和相互依赖，并提出学习的四步骤循环的观点。他认为，学习是由抽象概念化（Abstract Conception）、活动实验（Active Experimentation）、具体经验（Concrete Experience）和反思观察（Reflective Observation）四个阶段构成的循环往复的过程。雷斯（Race）进一步把库伯的四步骤简化为"思考、活动、反思、理解"。抽象概念是学习者必须达到能理解所观察的内容的程度，并且吸收它们使之成为合乎逻辑的概念。在活动实验阶段，学习者要验证这些概念并将它们运用到制定策略、解决问题之中去。具体经验是让学习者完全投入一种新的体验。反思观察是学习者在停下的时候对已经历的体验加以思考。

经验学习的特点有以下几个：①学习是一个过程而不是结果。库伯认为，知识是经验的构成与再构成,是动态变化的。②学习是以经验为基础的连续过程。知识来自经验,并在经验中接受检验,所有的学习都是一种经验,而经验是连续的。因此,学习也是连续的过程,并且是以经验为基础的连续过程。③学习过程是适应环境的不同模式之间矛盾解决的过程。④学习是一个适应环境的有机过程。把学习看成是人类适应环境的有机过程,学习这个概念就跨越了时间和空间的限制。它发生在人类生活的各个场所,并贯穿人的一生。⑤学习是个人与环境互动的过程。⑥学习是知识生产的过程。知识是社会知识和个人知识相互作用的结果,前者是人类文化经验的积累,具有客观性;后者是个人生活经验的积累,具有主观性。主观经验和客观经验相互交流的过程就是学习的过程。

经验学习理论强调抽象思考、实践活动、形成经验与反思观察的重要性,并指出四个部分互动螺旋式上升是有效学习的基本特征。在抽象思考与实践活动中,需要大量的知识与信息做基础;否则,思考将变成胡思乱想,实践也会成为一种脱离了知识与科学的蛮干。

(2)经验学习理论与移动学习

经验学习理论强调学习知识内容的连续性,将经验放在重要的位置,包括直接经验和间接经验。人们通过亲身实践获得的知识直观且深刻,有利于指导人们的生产生活。而通过书本、互联网、人际交往等渠道获得的间接经验抽象晦涩,但也是人们进行正常社会活动的重要组成部分。基于经验主义进行移动学习的设计时,要注重对学习者不同经验的区分对待与分析,并且要通过多种合适的渠道对经验进行建构。

经验主义主张学习是一个连续性的、螺旋式循环反复的过程。学习是永无止境的过程。学习者对头脑中已有的经验不断地进行整理、分析、归类、重组,构成自己所能理解的系统。在实际应用过程中,学习者将经验付诸行动,一方面是对经验知识的巩固,另一方面会产生与原有的经验不相符的问题。此时,学习者并不能利用以往的经验解释所遇到的一些问题,于是学习者又要进行思考、活动、反思和理解。基于此,移动学习在设计学习活动时,应从问题的多方面入手,随机进入,并且有相应的辅助练习、变式练习、知识点归纳总结。经验主义还强调学习是主体与环境相互作用的过程,移动学习在板块设计时应为学习者提供经验交流共享的平台。

利用移动学习技术,在抽象思考与实践活动过程中方便、及时地获取所需的知识与信息,将极大地调动学习者的学习积极性,提高他们的学习效果。

(二)大学英语移动学习实施的可行性分析

1. 大学英语移动学习具备了实施的教育环境

(1)现代知识观的转变

人类知识观的转变经历了知识的本质由绝对真理到生成建构、存在状态由公众知识到个体知识、属性由价值无涉到价值关涉、种类由分层到分类、范围由普适性到情境化、价值由掌握和积累到应用的过程，体现了由旁观者知识观向参与者知识观转变的过程。具体而言，现代知识观的变化主要体现在以下几个方面。

①现代知识观认为，知识内在于人的经验构造。知识与人性的关系是人类创造性活动的产物。知识涵盖着人类的价值取向，表征着人的本质特征，不存在冷冰冰的、置身于人类活动之外的纯客观知识。知识的内在性根源于人的生理、心理特性的局限性和知识借以表征的语言、逻辑、概念的人为性。当然，知识指向一定的外部对象，植根于客观世界。但这种外在性绝不是客观世界自然生成的，而是客观世界的事物及其关系与人相互作用的产物，是人的思维对所知对象的存在性反映。

②现代知识观认为，知识是一个开放的生态系统。社会政治、经济、宗教等社会现象有着广泛的生态关系。同时，在知识领域内，各门学科、各类知识之间相互渗透、相互交叉，从而构成一个复杂的生态系统。20世纪中叶以后，学科的综合化趋势日益明显，大量交叉学科、边缘学科、横断学科不断涌现，"小科学"走向"大科学"。

③现代知识观认为，知识是一个动态的发展过程。从知识的对象看，客观世界的性质及其关系的暴露往往是一个动态的历史过程。因而，作为认识成果的知识亦是一个动态的过程，不可能穷尽事物；特定历史条件下人的认识具有有限性、非至上性，只能根据认识对象所给予的特定条件和特定时代认识，而且这些条件达到什么程度，便认识到什么程度；作为人的认识基础的实践也总是具体的、历史的，它对客观现实的探索和改造，实际达到的程度总是有限的。因此，基于实践之上的人类认识必定是动态的、发展的。

现代移动通信和互联网技术的应用能帮助学习者随时随地获得丰富信息量，然而信息不等于知识，学习也不等于信息传递。信息时代的知识观主要体现出建构主义知识观和后现代主义知识观的特点，强调从以下几个方面重新认识知识：①知识的本质，由来自书本的枯燥知识转变为学习者参与其中的情境化知识；②知识的生成，由机械的记忆过程转变为动态开放的建构过程；③知识的价值，由知识的掌握和记忆转变为知识的应用水平，即解决问题的能力。

(2) 现代学校的发展

学校诞生于工业革命时期，是一种典型的教育组织形式。为了满足工业化大生产迅速扩张所造成的对于技术人才需求的猛增，学校作为一种能够"批量生产"人才的"工厂"应运而生。在过去近400年的发展过程中，学校作为教学组织形式、班级作为授课模式基本上没有发生改变，这与人类社会在其他方面发生的不断进步和变革形成强烈的反差。

互联网的快速发展使网络远程教学方式越来越受到人们的关注。网络大学以独特的魅力冲击着传统大学的樊篱，越来越多的人开始认识它、接受它。网络大学是"无围墙的大学"。移动技术的应用和逐步普及，无疑将加快这一变革的步伐，以网络技术应用于学生主体为特征的新的教育时代正向我们走来。

在现代学校里，学生是主动的学习者，他们想在任何时间、任何地点，通过技术来学习,他们想学习他们感兴趣的东西,他们的学习必须与他们的生活计划的定义和执行联系在一起。具体而言,现代学校主要在以下几个方面发生了变化:①学习是与生活紧密相关的;②学习是主动的、与语境相关的、模块化的、实践的;③教师不是"教"知识,他们是顾问、向导、教练、导师、学习帮助者,他们通过观察和聆听给予反馈、询问有挑战性的问题,提醒易疏忽的问题引起注意,鼓励好奇心等方式开展教学;④课程并非由学科和年级构成,课程是灵活的且有丰富的"能力矩阵",为了将不同的生活计划转化为现实,学生各自发展不同的能力,学生不必拥有相同的学习计划,学生之间应该有差异,每个学生不需要发展所有的能力,只需要发展那些将自己的生活计划转化为现实所需要的能力;⑤学校将以多种形式存在,将整合家庭与社区,学习不仅限于在学校,学校必须有更广的视角;⑥在教学方法方面,过去是教师知道答案并将答案告诉学生,现在是教师和学生一起提出问题,解决问题,以"问题—探究—项目"为基础的学习至关重要。其中,"问题—探究—项目"教学具体实施的步骤为首先发现/(提出)问题,然后进行批判性思维(信息处理),进而解决问题,最后获取知识/(结果)报告。

2. 大学英语移动学习具备了实施的物质前提

移动学习的物质前提已经具备,具体表现为:

(1)移动设备普及,特别是智能手机和平板电脑的普及,使得移动学习的递送能力大大加强。调查发现,高校的大学生普遍拥有智能手机,其处理速度和内存等条件都能满足移动学习的技术要求。

(2)随着移动互联网的发展,通信营运商提供的收费网络,家庭、学校以及社会场所提供的免费Wi-Fi,政府企业等提供的免费Wi-Fi为移动学习提供了一个覆盖全社会的天衣无缝的无线网络屏障。移动互联网技术能快速传递文字、图片和视频学习资源,其视频对话功能具有较强的交互能力,使不同地方的学习者可以像面对面那样顺畅地交流沟通。3G移动网络已经成熟,4G开始进入商业化,资费大大下降,上网速度得以提升,可用性程度提高,用移动网络递送多媒体内容的经济性问题得以基本解决。

(3)信息技术在教育中的应用已经成为常态,各类教育机构不仅已经完成意识上的转变,而且积累了丰富的网络资源为移动学习提供可选择的学习内容。大学生拥有的智能手机通常是安卓或者IOS系统,这些系统平台的英语应用App资源相当丰富。高校教师们可以从中选取合适本专业英语课程的学习资源,利用学习平台管理和指导学生的移动学习过程。

(4)在线学习教育机构在在线学习阶段积累了很多设计和开发经验。移动学习开发技术门槛逐渐降低,各种易操作的制作工具的普及使得教育机构自己就可以完成开发工作。

大学生作为思想较为成熟、主动性较强、容易接受新事物的一个群体,很适合并且乐于运用新的学习手段和方法。常见的移动设备和移动技术很容易被他们接受和运用。

因此，教师可以利用移动技术开展英语听、说、读、写训练，将移动学习的优势和课堂教学相整合。通过构建混合式教学模式，让学生充分利用课余时间进行预习和复习，在课堂上进行高效的面对面学习，将课内与课外有效连通，创设无缝对接的英语学习环境。

3. 大学生具备接受移动学习的相关能力

在大学中，虽然学习环境较为宽松，但是课堂上学习时间依然是有限的。为了更好理解所学知识或扩充知识，需要学生在课余时间能够开展自主学习。移动英语学习合理、有效地应用于大学英语课程的教与学，可以从一定程度上满足大学生已经具备接受移动学习的相关能力。

（1）自我效能感

自我效能感是美国著名心理学家、社会学习理论的创始人班杜拉（Bandura）最早提出的，指的是个体对自己实现特定领域行为目标所需能力的信心或信念，是个体的能力自信心在某些活动中的具体体现。研究表明，个体自我效能感的高低对学习者的学习兴趣、学习动机、学习成绩等产生不同的影响。大学生作为成人学习者，对自己能否利用所拥有的能力完成移动学习任务的自信程度以及对自己学习行为的控制能力的主观判断，将会影响他们对移动英语学习的接受程度。

（2）自我学习管理能力

学习作为一种有组织的活动，更需要科学的管理。自我学习管理包括学习计划的制订，学习目标、学习原则、学习内容的确定，学习进程、学习时间的安排，学习方式、学习方法及手段的选择，学习环境、学习条件的改善和创造，学习成就的测试和评价，学习的自我总结和反思。随着大学体系的日益完善，教师的职责已经从单纯的教授模式向指导型模式转变，从而承担了在自我学习中制订学习计划的任务，切实地实现了作为大学教师的指导作用。

大学生作为独立的个体，已经具备自我学习的能力并且具有很好的自控性。因此，他们可以很好地制订学习目标、学习内容以及学习的进程。区别于传统学习，大学生需要在众多的教育资源中获得对自己有用的知识，也是需要其具有一定的鉴别能力的。随着大学硬件设施的提升，全国很多大学可以为学生提供良好的学习环境和移动学习中所必需的硬件设施，此举措也为移动学习在大学生中普及起到推波助澜的作用。大学生在独立学习中逐渐培养了自我总结和反思的能力，能够使其在自我学习中充分发挥自学能力。

（3）绩效期望

绩效期望是大学生对移动学习可能产生的学习效率的期望。较高的绩效期望能够增强学习动力，产生积极的学习意愿。同时，微型的学习资源能够节省时间，更有效地帮助学习者达到学习目标。

综上所述，这几个方面对于大学生的移动学习起到了重要的影响。大学生具备应用移动学习的能力。因此,移动学习可以应用于大学英语教学。

4. 英语学科及教学特征可以实施移动学习

英语是一门语言,学习者学习的目标就是能够使用英语作为交际的工具。英语的学习活动发生在真实自然的场景中将更加有益于学习者的消化吸收,由于移动设备具有很强的可移动性和实时交互的功能。在进行英语的学习活动时,可以在有利于学习者学习英语的环境里进行英语的训练。根据英语学习的特征,学习者可以根据自己的情况,随时随地学习英语知识。比如说,看到广告牌上的一段英文,学习者便可以用手机照下来,通过手机上的电子词典查单词查语法,学习这段话里的单词拼写和发音。这样,在实际的生活中不断地积累,会让学习者更加迅速准确地掌握英语知识内容。

总之,移动英语学习是切实可行的,是传统的大学英语教学的辅助和补充。充分调动学生移动英语学习的积极性,摸索有效的学习方法和策略,促使学生提高大学英语学习的效率。

二、信息化背景下大学英语移动学习的实现方式与应用策略

(一)大学英语移动学习的实现方式

1. 基于短消息的移动学习

基于短消息的移动学习模式体现了学生与学生之间、学生与教师之间、学生与教学服务器之间以及教师与教学服务器之间的立体传递关系。在立体传递关系过程中,教师和学生之间的相互交流更为便利,且学生也可以获得不同的解决问题的办法和思路,为学习者自主学习的开展提供有效帮助。具体而言,学生在向教师提问时,可以借助于短消息的形式,且一个学生可以同时与不同的教师进行交流,就同一个问题,不同老师的解题思路也会不同。因此,学生可以获得多种解决问题的办法。在移动学习过程中,学生向教师提问的问题和教师所给出的回答都会经过教学服务器的转化,为学生的自主学习提供便利。

简单、快捷是基于短消息的移动学习的优势所在。通过这一学习方式,可以激发学生的学习兴趣,帮助其形成积极的学习态度,也有助于进一步增强学生和教师之间的交流,为学生个性化学习的开展提供条件。

2. 基于连接浏览的移动学习

与基于连接浏览的移动学习相比而言,基于短消息的移动学习具有一定的不足之处,

具体表现为数据通信的间断性和非实时性。由此,便很难实现多媒体资源的浏览和展示。随着科学技术的进一步发展,通信芯片的性能有了进一步的提高。加之通信技术的完善,移动学习服务质量的便利性也较之前有了提高。基于连接浏览的移动学习模式下,学生可以借助移动学习终端访问教学服务器,并进行实时浏览和交互,打破了时间和地点的限制。学生如果需要查找学习资料,就可以借助网络获取,并进行浏览和下载。经过下载的信息在移动学习终端可以长时间保存,即使是在脱机状态下,学生也可以借助已下载的资料进行自主学习。

3. 基于视频通话交互的移动学习

让学习者在移动的状态下进行轻松、快乐的学习,是移动学习的核心宗旨。随时性和随地性是移动学习的一大特色。不同于传统课堂教学中的有问即答,在移动学习中,学习者可以借助语音和视频的方式,解决自己在学习过程中所遇到的难题。通过这种方式可以给学习者创造一个良好的学习氛围,使学习者通过移动学习终端的界面进行面对面交流并进而沉浸英语实时课堂的感觉,使学习者积极活跃地探讨问题,真正体会英语学习的乐趣。

(二)大学英语移动学习的应用策略

1. 充分利用社群和网络

当今的大学英语教学实践从传统的以教师为中心逐渐转向以学习者为中心的模式,在朝着一种强调协作和参与的模式发展。教师在以学习者为中心的教学模式中充当着教练和设计师的角色,以促进更加个性化的、以社群为中心的学习,让每个学生都成为知识的来源,成为其他学生的帮手。有了移动技术,学习者就能成为一名真正的行动者,能够控制学习过程,做出与自己认知状态一致的决定。再从社会认知视角来看,学习发生在社会环境中,互动和交际有着与学习内容同等重要的地位。与同龄人之间的协作和信息分享是一种获取和实验新学习的强有力途径,也是电子学习模式的核心组成部分。

一个动态的学习社群,能够在多个方面有效促进学习者的学习经验。社群内发生的知识技能分享可创造出以学习者为中心的丰富的学习经验。在这样的学习社群中,每个人都是专家,都在借助网络相互分享答案或解释,并且可以将所要解决的问题置于具体环境中或者为其提供举例。这些往往都是在在线社群中开展,因而这些在线社群的地址也就成了构建学习网络的奠基石。社群成员之间的相互模仿,也为学习者的学习成功提供了积极的支持。因此,英语移动英语学习要充分利用社群和网络。

2. 树立创造、协作和交际的目的

考虑到学生经常在某些学习项目上会半途而废,同时也有许多学生在学校总是不好好学习,因此教学必须充分迎合学习者的不同学习风格,才能保障教学和学习的质量。令人欣慰的是,移动学习的一系列固有特征使其能够成为移动学习"混合体"(能够兼顾不同学习者的不同学习风格)的重要组成部分,而学习者和教师也反馈这种学习风格混合体很好用。

如果学习者是一群彼此认识的学生,他们会非常乐意利用移动设备的协作特征。例如,相互之间传送未完成的图画或文章,让对方也往上添一笔,并最终一起将其完成;相互发送短信、彩信、电子邮件、电子书籍等。有些时候学生甚至可以一起构建出连教师都想象不到的作品,这也成为移动设备支持建构主义学习的有力佐证。充分利用移动设备的这些特征,必然会提高学习者的学习热情。

3. 将解决问题的各个方面组合起来,以满足学习需求

计算机辅助学习刚普及时,其遇到的最大失败是人们总是错误地认为计算机就是一切,已经不再需要教师。人们总是认为教学的成功不外乎就是"传播"高质量的学习材料。如今我们已经认识到,这种观念是错误的。好的教师、通信、协作和发现学习活动依然是不可或缺的。

与当初的计算机辅助学习相比,移动学习有一个巨大的好处,因为移动设备的功能还远不及计算机强大。移动设备的显示屏都很小,联网速度比计算机要慢得多,处理信息能力也很弱,因为没有一个移动平台是具备与计算机相当的功能的。学习者能够在手机、iPad 和 MP3 播放器上做的事情,与他们在计算机上能做的事情显然是有差别的。

基于上述原因,不应该将移动学习视为一种解决问题的单一方案或工具,而是将其视为教师教学"工具箱"中一系列新工具的组成部分,与其他工具组合起来才能够实现具体的教学目标。这所谓的一系列新工具包含以下内容:①短信息服务,既可作为一种发展和检查技能的工具,也可作为收集反馈的工具;②基于音频材料的学习,可借助 iPad、MP3 播放器、播客等工具;③将 Java 测试下载到有彩色显示屏的手机上;④基于 PDA 的焦点学习模块;⑤用手机摄像来收集各种媒体信息;⑥借助短信息、彩信、摄像头、电子邮件或网络等工具实现在线出版和在线播客功能。

4. 移动英语学习者应成为积极的、互动的知识构建者

学习者在移动学习中应扮演何种角色显然已成为移动学习领域亟待解决的问题。在移动英语学习中,移动学习体系的应用使大学生能够以以下合作形式实施积极的知识构建。

(1)常见的团队内学习参与者:学生无须在统一的时间集合,因为移动学习可以使许

多"集合"在非实时的情况下发生。

（2）团队知识构建这一互动过程参与者：学生可以留下信息，供别的同学阅读和评论。

（3）积极参与信息的产出和选择：并不是每一个学生都要成为所有话题的行家；相反，他们可以选择自己最感兴趣的话题，向同学们传达自己知道的信息和知识。

（4）在其他学生的观点的基础上构建知识：学生之间的互动让他们知道，不止一种观点是站得住脚的。

从以上有关学习者在移动学习中应担当的角色中可以看出，学习者在移动学习中应该是积极的、互动的知识构建者，而教师在其中的主要角色应该是学习过程的促进者和监督者。

第六章　信息化背景下高校英语教师能力发展

随着信息技术在当代教育领域应用的普及，高校英语教学产生了革命性变化。与传统教学模式相比，在全新的教学模式中，教师从教学的主角转变成助力学生学习的"脚手架"，担当学生的领路人、指导者和协助者的角色。本章将在信息化教育视野下，重点研究高校英语教师角色的转变与建构，探讨如何有效更新其教学理念、提升其专业素养，以达到推动高校英语教学改革的目的。

第一节　信息化背景下高校英语教学存在的问题

一、教学组成比例方面的问题

在高校英语教学中，各教学成分所占比例是否均衡在很大程度上决定了教学的质量。教学成分主要包括三个部分：在课前形成的环境，在课中临时形成的环境，在课后临时形成的环境。课前环境包括教室硬件环境、教师教学水平、生源水平以及教室信息化水平等；课中环境主要包括教师和学生之间的关系、学生与学生之间的关系以及师生持有的情感心理等；课后环境则包括自学氛围、学习反馈和评价等。

经过不断的发展，传统的高校英语教学已经处于相对稳定的状态，各教学体系、教学环境和教学资源已处于互相统一、互相协调的体系之中。但是，随着信息技术的出现，这种相对平衡的状态被打破，学生与信息技术之间、教师与信息技术之间、学校与信息技术之间开始产生矛盾。其中，英语教学的水平难以满足信息技术的发展是最为突出的矛盾之一。

随着大量现代信息技术融入高校英语教学，信息化元素逐步占据了其他教育元素的空间，使得教育空间内各元素比例日趋失调。在各元素发展中，信息元素遥遥领先，与其他发展较为缓慢的教育元素在使用数量和使用频率方面存在明显差异。两者缺乏发展的一致性和协调性。

为了解决因现代信息技术大量应用而导致的高校英语教学系统失衡问题,英语教师需要在教学模式等方面进行相应的调整以维持教学的有序开展。在信息化方面,教师必须跟上时代的发展和技术变革的进程,及时转变教学理念,不断夯实自身信息化理论基础,提升信息化技术水平。在英语教学方面,教师需要不断更新教学设计、教学方法、课堂制度。教师和学生都需要根据实际要求来转换自身角色。教师必须从传统教学的中心转变成教学的帮助者和协助者,学生也必须从被动接受知识的角色中脱离出来,转变成知识的主动获取者和探索者。

同时,学生还要改变习惯已久的学习方式,积极接受新的教学思想,尽快参与到新型教学模式的建构中,以适应快速发展的技术变革。由此可见,教师、学生都是推进信息化教学模式的重要因素。其中任何一个环节的发展滞后都会造成现代信息技术元素与教师信息素养、学生信息素养发展不协调的尴尬局面。比如,教师的信息技术水平没有达到信息化教学的要求(如无法系统地获取信息技术理论知识,无法全面地领会信息化技术培训,无法根据现实的岗位需求建构与时俱进的教学模式,无法指导学生正确地使用信息技术设备,无法协助信息技术企业设计科学合理的英语实践实验),或者学生的学习模式无法达到信息化学习要求(如无法主动地参与合作学习,无法独立地进行自主思考,无法熟练地使用信息技术),都会导致教学矛盾突出、教学效果难以实现等问题。

二、师生合作方面的问题

教学主体是高校英语教学的关键组成部分,它可分为教学个体与教学群体两部分。前者包括教师和学生个体,后者包括教师群体、学生群体、教师与学生相融合的群体及其中互相联结、互相影响的复杂关系。

高校教学对师生交互有较高的要求,理想的师生互动具有方向一致、方法一致、沟通顺畅等特点。但是,就当前信息化教学的实践而言,在教学体系、教学模式逐渐走向信息化的过程中,师生关系权重逐渐失去协调性,学生的认知与情感也出现了失衡的现象。上述失调主要体现在教与学目标不一致、教师与学生情感沟通不到位等方面。究其根源,一方面,是因为教师在制订教学计划和教学大纲的过程中没有形成正确的信息化教学认知,未能与学生及时地进行沟通,未能倾听学生对于信息化教学形式完善的诉求,教师方面的不足导致新型信息化教学模式和教学设计与现实脱节,其教学设计难以贴合学生的学习水平,难以满足他们的实际需求;另一方面,在教学活动过程中,教师过于依赖计算机平台和网络媒介对学生进行指示和反馈,对学习进程和学习情况缺乏全面的关注和指导,忽视了学生的情感因素,忽略了师生间的沟通和交流。如此,会使学生产生巨大的孤立感,降低学习的兴趣和动力。比如,当学生在技术操作中遇到困难,在人机交互中碰到阻碍,在小组合作中产生分歧,在自我思考时陷入困境时,如果教师没有给予及时的指导和帮助,学生的学习进程就难以推进,学习的积极性也会受挫。

通常,人们将现代信息技术视作传播知识的工具,而忽略了它在情感传输方面的重要作用。事实上,正确使用信息技术工具有利于实现师生之间的情感交互。比如,在传统教学中,课后问题和上交的作业往往只能在课堂上得到解决与反馈。而在信息化教学中,学生可以通过移动教学应用软件或网络教学平台发布消息、参与讨论。教师也能即时地接收学生的问题和建议,并能进行实时回复。相比传统的教学方式,信息化教学拓宽了信息传递的渠道,加快了信息交流的速度,加强了师生间的互动,有助于师生情感的沟通和传递。由此,为有效实践信息化教学,除了强调学科知识和技能的学习,教师也应该注重对学生情感的培养。无论是在教学前制订教学模式和教学体系,还是在教学活动进行时,教师都应避免师生间在目标、理念、交流、沟通等方面出现难以协调的问题,尽可能减少教与学之间的矛盾。同时,教师也应该利用信息化教学利于传输情感的作用,与学生进行及时的沟通与交流,适当地对学生进行指导,倾听他们的诉求,从而加强师生间的互动,实现师生关系的协调发展。

三、教师方面的问题

在当前高校英语课堂中,教师承担着传递英语信息的角色。在教学过程中,他们将抽象的、笼统的语言知识转化为具体的、详细的英语语言信息。为了有效传递英语知识,教师需要借助各种渠道和工具辅助教学。在此流程中,作为新型媒介的信息技术,以其承载量大、传输速度快等优势成为教师传递资源的首选。在知识传递的过程中,信息技术能够起到减少信息流失的作用,将语言知识完整地展现给学生,能够协助教师完成语言知识的内化和语言能力的培养,促进师生之间良好的双向互动。然而,在具体实践中,教师的能力与信息技术之间仍存在着矛盾,两者仍然没有建构起和谐的合作模式。究其原因,主要如下。

首先,在信息技术迅速发展的当下,教师现有的信息素养水平无法达到信息化教学的要求。熟练掌握信息技术理论知识和实践操作并将其应用于实践对于英语教师来说是一项巨大的挑战。由于专业限制,英语教师对信息技术方面的培训接触较少。也正因此,熟练掌握信息理论知识和实践技术对他们来说是一项艰巨的任务。另外,有一部分高校英语教师执教时间长,传统的教学方式和思维早已根深蒂固,这也导致了他们在主观上缺乏学习信息技能的动力。受上述多种因素的影响,教师信息化水平与教学客观要求之间产生了差距,这将成为有效推进信息化教学道路上的一个巨大困难。

其次,信息化教学中教师角色与传统教师角色冲突。在传统教学中,教师扮演了教学中心的角色,以主导者的身份开展教学活动;而信息化教学以学生为中心,要求学生在学习过程中承担主要角色,并积极与教师、同伴进行互动,同时利用信息化教学环境自主探索新知识。但是在实际教学中,有许多教师没有改变传统的教学习惯,仍然以教学主角的身份以及灌输式的教学方式对学生进行知识的单向传授。他们忽视了信息技术在教学中发挥的作用,不愿意将讲授型课堂转变为信息化课堂,其教学模式也因此缺乏多样的语言实践活动和丰富的探索活动,从而难以实现对学生语言运用能力的培养。

最后,许多教师没有正确理解信息化教学的真正内涵,对信息技术指导下的英语教学存在错误的解读,两方面的问题随之出现:一是在教学过程中完全依靠信息技术;二是对信息技术在教学中所起的作用持怀疑态度,在教学过程中很少使用甚至完全不使用信息技术。总体而言,信息化教学是一把双刃剑,既有独特的优势也存在一定的缺陷。在现实教学中,一部分教师往往只看到它的优点,认为信息化教学是解决问题的万能钥匙,将所有教学任务都交由信息技术完成。比如,教师高度依赖手机移动教学应用,在教学过程中,他们安排学生观看移动软件上的教学视频以完成知识的输入,通过完成软件上的作业进行知识的巩固和输出,最后通过软件的数据统计和评价得到任务的反馈。如此,从知识的输入到巩固到输出再到评价,都由信息化软件完成,教师完全不提供或很少提供指导和反馈。在短时间内,这样的方式也许暂时有利于培养学生的自学能力和主观能动性,但是长此以往,不利于学生学习积极性和自主性的保持。因为这种教学方式过分夸大了信息技术对教学产生的作用,忽视了教师的引导作用。还有部分教师对信息技术有抵触情绪。一方面,在多年教学实践中,他们已经习惯了传统教学,不愿意做出改变,不愿意接受新的知识和现代的教学方法;另一方面,他们不信任信息技术对教学的促进作用,认为它费时费力且收效甚微。第二类教师的态度较为偏激,造成了信息的闭塞,阻碍了自身的进步和发展,也难以实现教师与信息技术间的良性互动、共同发展。比如,有些英语写作教师反对使用写作批改软件,他们认为软件仅能找出初级的语法和拼写错误,对更高一级的语用、语体、篇章布局等问题却束手无策,对培养学生实际能力意义不大。因此,他们仍会采用人工批改的方式批阅英语作文。又如,在当面交流和线上互动之间,许多教师会选择前者,他们认为师生面对面交流更直接、更清晰,学生能够看到教师的表情和动作,教师也能够从学生的肢体、语言等方面了解他们对知识的掌握情况以及对问题的理解程度。

总的来说,信息技术有优势也有缺陷,教师不能过分依赖信息技术,也不能对其采取完全反对的态度,而应将信息技术与传统教学有机融合,充分发挥二者的特长,使二者取长补短、互为补充。比如上文提到的作文批改软件的例子,教师可以在软件批改的基础上进行人工补充,即在软件完成第一步语法层面和拼写层面的批改后,教师再进行语用、结构方面的评价。由此,将信息化方式和传统方式相结合,既能减轻教师批阅作业的负担又不失评价的客观性和准确性。

四、学生方面的问题

在英语学习过程中,学生需要接收、消化来自教师和环境大量的学习信息和学习资源。因此,为了更有效地学习,学生需要借助一种科学有效的工具协助自己完成信息的处理和加工。而信息技术凭借其快速的信息传递能力和高效的信息处理能力,成了协助英语学习的得力助手。但即便如此,学生在实际学习中,由于信息素养缺乏等问题,仍无法有效利用信息化教学模式开展学习,两者之间存在突出的矛盾。

第一,学生现有的自主能动性无法达到信息化教学的要求。目前,有不少学生在学习方面存在惰性,没有明确的英语学习目标,自主学习能力差,对待信息化学习偷工减料、敷衍了事。比如,对于线上视频作业,部分学生不会全程观看教学视频,而是采用快进或者挂机的方式完成视频学习任务;又如,对于文字性作业,由于平台中的数据对所有学生可见,部分学生会抄袭其他同学提交的作业,也因此失去了巩固知识的机会,滋长了懒惰心理。总而言之,信息化教学会助长部分学生采取弄虚作假的手段来欺骗学习后台、创建虚假学习日志的心理,使后台数据失去真实性。这不仅影响了教师对学生做出正确的评价,也不利于学生自身知识水平和英语学科能力的提高。

第二,学生的学习理念比较落后,无法达到信息化教学的要求。在语言教学中,网络作为巨大的资源库,将所有的英语学习资源整合到了一起,能够对语言学习进行有效补充,能够方便学生随时随地使用和存储学习资源,推动英语学习进程。但是,因部分学生已经习惯了传统的学习方法,对信息化手段始终抱有排斥情绪,这就导致他们即使拥有优质的学习资源和途径,但仍然以消极的态度对待信息化学习,不愿意接受网上互动的交流模式,对微课视频学习敷衍了事,伪造虚假的网上学习记录。这样消极的学习理念,因其落后性、封闭性会导致学习的停滞不前,也会使信息化教学难以有效推进。

五、教学模式方面的问题

教学模式包括教学内容、教学目的、教学方法、教学流程、教学资源等方面,是各种教学因素和教学过程的统一体,蕴含了特定的教学思想和观念。在正确的教学模式指导下,教师能通过选择适合的教学材料,建构科学合理的教学流程开展教学活动。

随着越来越多的信息元素被应用于高校英语教学,以信息技术为基础的教学模式应运而生。然而,信息技术的使用与高校英语教学模式之间的矛盾也随之日益显现,究其原因,主要可概括为以下三个方面。

其一,目前高校采用的教学模式虽然有信息化的外表,但内在仍然是传统的模式。有部分高校率先认识到了信息化教学的独特优势,并主动为学生提供了先进的信息化学习软件和硬件设备，比如信息化实验室、信息化教学平台、数字图书馆等。但是，这些高校并未深入推进信息化英语教学模式的改革进程，没有将学生视作信息化学习的主体，仍然运用传统的教材、传统的教学方法、传统的信息传递方式开展英语教学。这种内部与外在不一致的教学模式，过滤了信息技术的特有功能，忽略了信息化教学的本质，难以有效实现将信息技术运用于英语教学的理念。

其二，要实现信息化教学模式往往是困难重重的。比如，在信息化学习中，学生通常存在积极性低和自主性差等问题，这就使得教学模式与信息技术难以按照预期发生交互，学习效果也会随之大打折扣；又如，教师的教学方法使用不当，未与学生进行及时的沟通和交流，既缺乏网络的监督又缺少课堂的检查，信息化学习的效率也因此大打折扣。

其三，信息化教学模式的设计有时会存在一定的局限性。某些教学模式的设计倡导学生通过网络自主学习各项语言技能，并辅以线下课程，对听、读、写、译四种技能进行强化训练。这看似是一种新型的混合式教学模式，但实际上这种教学模式未能充分发挥线上教学的优势，未能合理地将课堂教学与网络教学有机衔接，线上和线下的学习如同两个独立、互不相关的部分，难以在教学过程中有效发挥协同作用。

六、教学评价方面的问题

教学评价是所有教学活动中最为重要的设计与安排之一。不论是发生于教学之前的诊断性评价、贯穿于教学过程之中的形成性评价，还是教学结束时的终结性评价，其目的都在于维持教学活动的正常运行，时刻修正教学行进的方向，从而达成学习目标。在完整的教学流程中，多种评价方式都在其中共同发挥作用。于学生而言，获得良好的学习反馈不仅是完成学习活动的根本目标之一，更是获得学习动力的有效途径。另外，教学评价带来了同伴之间的良性竞争，学生在这一过程中不仅能获得学习激励，更能收获学习的自豪感与满足感。

在现代信息技术广泛运用于教学的背景下，许多传统教学中存在的评价难题迎刃而解。利用信息技术进行教学评价主要有两方面优势。其一，它可以解决传统评价难以准确量化平时成绩的问题。信息化教学可以实时记录学生的在线学习轨迹，对英语课程的学习情况进行跟踪和记录，包括在学习平台上的学习时间、学习平台的浏览内容、作业完成数量、作业完成准确率、发帖数量、互动活跃度等数据，并生成相应的学习日志。教师通过查看学习日志可以快速获得学生的学习数据，了解学生的情况，并据此对每一个学生的学习表现做出准确反馈；同时，也可以根据这些信息及时地调整教学设计和教学内容，以便对学生进行合理的指导。其二，它可以解决传统评价单一化的问题。借助网络平台，学生可自主上传作业、发布评论、参与讨论，教师与学生也可以在其中进行合作学习，并形成师生间、生生间的多向评价，建立多元化的评价机制。然而，信息化教学评价在实际应用中仍存在一些问题。一方面,许多高校虽然建立了网络评教系统,但在实际的教学中极少利用信息技术开展学生自评或互评,传统的纸质化评价仍占主导。另一方面,部分高校在评价体系的设计上存在缺陷。比如,存在各个线上任务的比例分配不合理,教师对评价的参与度过低,过度依赖软件评价等问题。由此可见,目前高校所构建的评价体系并没有充分发挥信息技术的优势,教学评价与现代信息化教学仍存在矛盾。

第二节　信息化背景下高校英语教师的任务

一、信息化教学对高校英语教师提出的要求

(一)教师应更新教学理念

近年来,在现代信息技术的推动下,高校英语教学进入了高速发展期,大量新型信息化教育模式被运用在英语教学中。但是,很多教师的教学实践仍然难以满足信息化教学的要求。比如,部分教师仍选择采用传统的教学方法和教学理念进行教学,不利于教学效果的提升。因此,为推动教学信息化改革,教师应首先转变教学理念,更新教学模式。

第一,知识不能仅仅依靠教师的单向传授,也需要学习者主动建构。因此,教师应帮助学生转变为学习的主体,自己则发挥引导、协助的作用。英语学习分为输入和输出两部分,输入包括阅读输入、视听输入,输出包括文字输出、口语输出。在教学过程中,既需要教师的讲授和知识的输入,也需要学生不断地运用语言、不断地进行输出活动。学生应成为学习的主角,自我规划英语学习的进度,安排学习的时间,组织学习的研讨。教师可以在其中起到为他们搭建脚手架的作用,参与学生讨论,引导学生思考,协助他们完成英语学习任务。

第二,培养学生英语语言的综合应用能力。英语只是一种语言的工具,并不是学习的最终目标。学生学习英语的最终目标应该是培养利用英语与人沟通、利用英语解决实际问题的实践能力。因此,在教学过程中,教师不仅需要向学生传授英语学科知识,更重要的是,在其学习的过程中提供帮助和指导,培养他们的英语语言能力、自主学习能力、沟通交流能力以及积极创新的能力,在潜移默化中塑造学生的认知和学习体系。

第三,教师应该分层次、分级别进行教学。学生属于一个群体,具有一定的共性。在某种程度上,他们具有相近的沟通能力、学习能力、认知水平和英语水平;但从另一种角度来说,他们也是独立的个体,在共性的基础上存在着差异性,每个学生都有自己的优

势、弱项和特点。因此，教师在建构教学体系的过程中，应同时考虑学生整体的相似性和个体的差异性，设计符合其个体水平的独特的教学流程和教学模式，从而使学生能够在相对自由、独立的学习空间进行自主学习。比如，教师可以将英语口语练习划分成几个层次，并上传至网络空间，学生可以根据自己的兴趣和水平选择合适的级别；或者教师可以将随堂测试进行分级并相应赋分，同时在课内通过移动平台进行发布，学生可以自主选择测试的难度和等级。以上定制式的学习模式能为学生建构独立的学习路径，鼓励他们根据自身需求自主学习。在开放的学习空间，所有学生无须在同一时间同步学习同样的内容，他们可以自由选择知识的级别和难度，以达到自我完善的目的。这样的个性化设计充分地尊重了学生的意愿，既为他们提供了学习的自由，提高了他们的自主能动性，又培养了他们良好的学习心态，激发了他们学习的动力和自信心。

第四，使学生由被动学习者转变为主动学习者，使单一的接收性学习转变为多元的探究性学习。从传统观念来看，虽然以往的接收性学习能够在较短时间内实现知识的传递，但总体上只是用来灌输知识的一种途径，不利于学生开展自主探究。而探究性学习则不同，它尊重学生的想法，更容易释放出学生的天性，使学生在学习的同时建构起具有个人思想、个人感情的自我学习世界。在这个自我学习的世界中，教师协助学生成为自我成长者和自我培养者，鼓励他们追寻自我，探索环境，理解自然。在信息化的指导下，这种新的学习模式能够切实满足学生对于开放学习、自主学习以及实践学习的需求。

(二) 教师应提高自身的信息化水平

在一定程度上，教师信息化能力的高低已成为决定高校英语教学信息化水平高低的因素。但在目前，许多英语教师的信息技术水平无法满足信息化教学的要求，即英语教师缺少扎实的信息技术理论知识，缺乏丰富的实践操作经验。大部分教师没有接受过全面的信息化技术培训，没有系统地学习过信息技术理论知识。他们通过网络途径搜索、归纳和总结信息的能力极其有限。因此，这部分教师对信息化教学产生了强烈的抵触情绪，在教学中则体现为拒绝改变传统的教学模式，拒绝学习和使用新的信息技术。因此，一系列英语教学方面的问题也随之产生。比如，教师无法根据现实的岗位需求建构与时俱进的教学模式，无法指导学生正确地使用信息技术设备，无法协助信息技术企业设计科学合理的英语实践实验。类似问题得不到有效解决，对高校英语教学的有效开展和学生英语综合素养的提升都是极大的挑战。因此，全面推进高校英语信息化改革，提升英语教师的信息化水平势在必行。

在提升教师信息化素养的问题上，我们需要着眼于思想提升和实践提升这两个关键因素。首先，要将信息技术置于教学的每一个细节，将其贯穿于整个教学过程中。如此，在长期的教学和操作中，教师的信息化意识才能在潜移默化中得到激发，对于信息技术的认识也会更加深刻，教学思想也会更加开阔。另外，教师思想上的进步还能推动其实践操作水平的提高。如此，教师的信息素养便能在理论和实践方面得到全面的发展。

二、信息化背景下高校英语教师的任务

目前，针对英语学科推出的信息化教学丰富多样，可满足不同学段、不同群体英语学习者的需求。因此，如果教师能够充分利用信息技术建构英语教学模式，搜索英语学习资源，创设信息化英语学习情境，就可以有效提高英语学习的趣味性、开放性和互动性，全面激发学生对英语学习的兴趣和参与度。接下来，笔者将对信息化背景下高校英语教师的任务进行介绍。

第一，英语教师在进行信息化教学设计时，需要将学生方面的因素、英语学科方面的因素、信息技术方面的因素进行有机结合。教师必须充分考虑信息化教学设计能否符合学生的学习能力、认知能力和英语水平，能否满足教学大纲、教学目标、教学模式的要求，能否充分利用信息化软件、信息化教学环境和信息化资源，并以此完成教学设计。

第二，英语教师应不断夯实信息技术的理论基础。教师可以通过阅读大量书籍，查找相关资料，接受系统的理论培训等方式了解各种信息技术的内涵及正确的使用途径。目前，各种诸如人工智能、云计算、虚拟仿真技术、教学移动 App、网络教学平台等新型信息技术种类多样、快速迭代。如果教师不能充分了解它们的功能，不能从中挑选出合适的技术手段应用于课程，不能将信息化教学与学科特点相匹配，就难以实现教学效果的提升。只有教师具备扎实的信息化教育理论功底并将其自如地运用到英语实践教学中，科学有效的英语教学模式才能被建构。

第三，英语教师应主动提升信息技术的实际使用能力。当前高校大学英语课堂普遍以大班化形式开展，教师只有借助先进的信息技术才能克服"人数"的障碍。同时，教师可通过有效运用信息技术，开展符合学生个体学习水平和认知能力的英语教学，充分实现教学的个性化和层次化。同时，英语教师可在新技术的支持下逐步完善英语教学设计，充分调动网络学习资源，帮助学生自觉形成良好的英语学习习惯，进而从总体上提高英语教学的效率，优化英语教学的效果。

第四，教师应利用信息技术全面提升学生的英语综合运用能力。英语学习的最终目的不仅仅在于掌握听、说、读、写、译等各项语言技能，而是要培养学生利用英语进行人际沟通，并解决实际问题的能力。因此，教师应根据社会对毕业生的要求，结合信息技术的各项功能，建构相应的英语人才培养模式，提升学生英语综合运用能力。同时，教师可利用信息技术使教学更具有成效。比如，可以利用虚拟仿真技术真实地模拟英语面试的场景，训练学生在着装方面、口头语言使用、肢体语言表达等实战能力，提前为求职等实际应用场景做铺垫。又如，教师可以扮演文化传播者的角色，选取与教学内容相对应的网络

报道、视频等，为学生展现生动化、立体化的文化知识，使他们直观形象地了解英语国家文化和传统，以提升其英语跨文化交际能力。

第三节 信息化背景下高校英语教师角色的转变

一、信息化背景下高校教师课堂角色转变的具体内容

第一，教师从传统教学中主导者的角色转变为教学的指导者。首先，随着虚拟仿真、人工智能、教学平台、手机教学 App 等新型信息技术逐渐应用于英语教学，学生获取信息的途径被拓宽，教师不再是提供资源的唯一渠道。在信息化背景下，学生可以在教师的指导下，通过互联网，快速、自主地搜索符合自己兴趣和水平的个性化学习资源。比如，希望在英语语音方面得到提升的学生可以借助"英语趣配音"平台，搜索发音指导并进行反复跟读训练；希望在英语写作方面得到加强的学生可以借助"批改网""冰果英语"等写作网站，通过其作文批改等功能纠正自己写作中的语法、拼写、语用、结构等错误；希望在英语阅读方面有所提高的学生，可以借助国内的 China Daily 以及国外的 The Times、New York Times 等进行大量的英语自主阅读。其次，通过信息技术所设计的英语教学流程和教学画面有强大的吸引力、多维的动画、有趣味的操作，可以给学生带来视觉、听觉、感觉等全方位的体验，从而提升他们对英语学习的兴趣和探索积极性。比如，英语虚拟仿真实验可以在教学内容中引入与学习、就业、生活紧密相关但受经济成本、时空等因素限制，不便在传统课堂内开展的主题，在教学方式上推进虚拟现实、人机交互等独立操作，在技术上引进云计算、语音识别、多媒体动画等手段，为学生提供高仿真体验，锻炼其实践型语言知识技能；借助情境互动，锻炼学生的认知能力和场景适应能力；借助人机交互和多元化项目操练，提高课堂趣味，提升学生自主学习的积极性；借助生动立体的教学画面，帮助学生了解英语国家相关文化和背景知识，培养跨文化交际能力和综合语言应用能力。在上述教学过程中，学生能够自主参与到学习中，而教师只需要起到指导的作用，协助学生完成学习任务。

第二，教师应该成为学生的服务者。信息化教学对教学的硬件和软件都有极高的要求，因此，不论在课前、课中还是课后，教师都要为学生提供周到的信息化服务。比如在课前，教师应充分收集与课程有关的信息资源，准确调试网络设备，预先做好网络课程规划，提前建立好网络平台；在课中，教师应指导学生操作信息平台，包括指导学生如何上传作业、如何查看学习成绩、如何在线发布信息等；在课后，教师可查看网络学习情况，统计分析网络学习数据，及时回复网上提问和留言，及时批改网上的作业。总之，在任何

一个学习阶段，教师都需要发挥最优的服务职能，助力学生的信息化学习。

第三，在传统的教学模式中，繁重的英语教学任务使得大部分英语教师分身乏术。受到时间和精力的限制，他们大多无法深入了解和创新英语教学理论。但是，随着信息技术的突飞猛进，英语教学目标、教学要求和教学模式也在发生着日新月异的变化。因此，教师不能继续被动地执行教学计划，而应该尽快转变自身角色，成为新型英语教学理论的研究者、先进英语教学理念的创造者、多元英语教学模式的践行者。此时，教师应结合信息技术，学习、创造新颖的、高效的、系统的语言理论，引领英语教学方向，及时建构起一套利于支撑课堂平稳运行的理论模型，并通过该模型向学生传递核心的语言学习思想，帮助学生在有限的学习时间内建立起科学有效、自主个性的学习方式、学习计划以及学习策略，从而使英语教学适应教育信息化，实现快速发展。

二、信息化背景下英语教师角色转变的路径

近年来，随着信息技术的发展，整个英语教育体系都发生了巨大的变化。其改变具体表现在教育理念、教学内容和教材形式逐渐信息化、多元化；学生的学习方式有了更多自主性和灵活性；学生与教师之间、学生与学生之间互动性更强、协助性更高的关系模式也随之产生。因此，为适应并推进高校英语教学改革，教师的角色也需要进行及时的转变。以下，我们将对教师角色转变的路径进行详细探讨。

（一）教师应当发挥脚手架的作用

在信息化教学过程中，教师应当发挥脚手架的作用，引导学生全面地建构知识体系，帮助他们及时地克服困难。同时，教师应在课前、课内、课后做好充分的准备，随时随地为学生提供个性化的学习服务。在教学活动的全程，教师也应扮演好引导者、协助者和服务者的角色。另外，教师所发挥的脚手架作用，其形式应具有丰富多样的形态，可以是一个教学理念、一种教学方法、一套教学设计、一种教学设备、一类教学资源、一项教学策略，在任何能够给学生提供支持的领域发挥作用。但是，这个脚手架并不是永久性的，一旦学生有了独立自主的学习能力，有了解决问题、分析问题的能力，有了积极主动的求知欲，教师就可以逐渐从帮助者转变为引导者，将分析问题、探索真理、克服困难等难度比较大的学习任务慢慢移交给学生，鼓励他们自己解决。如此，学生对学习的兴趣、积极性、自信心、能动性得以充分调动，教学质量和效果的提升也得以实现。

（二）英语教师应引导学生进行信息化自主学习

信息时代赋予了英语学习自主性的特点，为了适应不断更新的教学理念和不断发展的

社会需求，英语教师应运用信息技术，培养学生积极主动的学习方式，从而逐步提高学生的学科知识和综合能力。具体来说，教师可以通过指导学生自主设定学习目标、主动挑选学习材料，自行对比学习方法，自我改善学习路径，自我审视与监督来帮助学生达成自主学习目标。另外，为了检验学习目标的达成情况，教师还需要指导学生建立自我评价标准和评价体系，并借此推进学生自主学习进程。比如，教师可以利用混合式教学方法培养学生学习的自主性，即教师在传统线下集体教学活动进行的同时，可将网络教学平台作为承载课程资源、沟通学习过程的媒介，将诸如在线英语视频观看、在线英语写作、在线语音练习、英语报刊网站阅读、英语新闻视听、在线讨论、在线英语问卷调查等学习任务延伸到课堂之外，为学生创造独立学习、自主探究、创造共享的契机。在这些更多元、更丰富、更以学生为中心的活动中，学生独立制订学习计划，探索相关任务，并通过合作、分享、评价等方式获得相关结论，他们的主动性、积极性与创造性也在教师的指引下得到更有效的锻炼与提升。

（三）教师应当加强学生的信息化个性学习

每个学生都是独立的个体，他们在英语学习动机、英语语言能力、英语学习习惯等方面都存在一定的差异。因此，教师应利用可进行分级、分层教学的信息技术，针对学生掌握能力的差异开展分级化、个性化的英语教学。比如，教师可以根据学生听、说、读、写、译等各项英语能力，将其划分为不同的学习小组，并运用对应的英语学习软件对各小组进行针对性指导。例如，教师可以借助"批改网"和"冰果英语"等写作评价软件，帮助写作方面不足的小组纠正语法、拼写、语用、结构等方面的问题；借助"英语流利说""英语趣配音"等英语口语练习 App，帮助口语和语音方面不足的小组，纠正其在英语单词、单句的发音及口语表达方面的问题；借助"听力课堂"和"每日英语听力"等英语视听平台，帮助听力水平欠缺的小组加强精听和泛听训练。借助分级化、差异化的教学，不同学习能力的学生的需求得到了满足，其学习也得以更有效开展。

（四）教师应不断引导学生间的交流协作

教师利用网络学习平台将学生划分为若干学习小组，每个组员可以把自己的英语学习经验、解题思路、对问题的看法等体验发布到互动区或讨论区，在组内共享最新的学习信息和学习方法。同时，小组成员可以实时接受消息并进行讨论。类似的分组学习方式在传统教学模式中已有实践。比如，传统的学习由于受到了空间和距离的约束，大部分学生为了方便交流会以寝室为单位进行分组。然而，在信息平台和社交媒体的帮助下，分组不再受时空限制，其形式更为多样，针对性学习的效果也更显著。比如，距离较远的学生也可以突破空间的限制，同等英语水平、英语兴趣爱好或者英语学习习惯的小组可随时、随地、零距离进行沟通、共同进步。这不仅加快了信息传递的速度，增加了学习的自由度，也拉近了学生之间的距离。

（五）教师应为学生提供更加信息化的教学资源

信息化优化了英语教学资源的获取途径，拓宽了信息获取的渠道，也给予了学生丰富的选择和高度的自主权。但是，在面对丰富多彩、种类繁多的信息时，学生往往不知如何合理地选择、利用这些资源。一方面，教师应当具备信息化资源搜索的能力，能够通过信息技术，获得有效、有用、有针对性的学习资源。根据英语人才培养模式和教学大纲的要求，结合社会的发展需求，对信息资源进行筛选、整理、归纳，并以符合英语语言学习规律的方式呈现给学生。另一方面，教师应当引导学生合理地利用网络途径，教会他们正确地筛选和判断学习资源的优劣，给予他们灵活利用学习资源的建议。比如，指导学生如何在英语资源网站获取有效的学习信息，如何通过数字图书馆搜索海量的学习资源，如何合理运用英语视听速记软件、英语写作批改软件、英语语音模仿软件、英语口语互动软件、英语泛读软件、英语精读练习软件等资源来辅助学习，从而更高效地达到信息化学习、个性化学习的目的。

第七章 信息化背景下大学英语评估体系研究

近年来，随着社会对英语需要的日益增长，新课程改革实效性的加强以及大学英语教育教学改革的日趋深化。众多专家学者普遍开始关注大学英语教师的专业发展，并针对大学英语教师专业化的发展目标、发展方向以及专业自身的成熟度等问题进行了讨论，提出的意见也极具建设性和可行性。大学英语教师专业化的实现，就是要求大学英语教师在整个职业教学生涯之中不间断地进行学习、总结和专业化训练，从而使得自身英语专业知识储备和专业技能得以增强，最终使自身的专业素养与从教能力得以提升。只有做到上述几方面，才能成为一名优秀的专业化大学英语教师。基于此，本章对信息化背景下大学英语评估体系进行研究。

第一节 大学英语教师的发展性评价

一、发展性教师评价的内涵

（一）发展性教师评价的含义

发展性教师评价的优势具体体现在以下两个方面：第一，能够使教师的斗志得到激励，士气得到鼓舞，使教师与教师之间能够互相信任，和睦相处；第二，发展性教师评价针对教师的创新持积极支持和鼓励的态度，能够促进教师在贯彻和实施国家课程方面创新意识的充分发挥，进而使课程教学改革得以进一步深化。

所谓发展性教师评价，就是在一定的发展性目标的基础上，在发展性的评价技术和方法的支持下，对教师素质发展的进程进行评价解释的一种评价制度。在这一评价活动的具体实施过程中，教师通过对自己的不断认识、发展和完善，不断地对自我素质结构进行积淀、发展和优化，促进自己在专业理念、教学技能、专业服务精神等方面得到和谐自然的发展。它不是指某一种特定的教师评价方式，而是一系列能够促进教师素质发展与提高的评价方式的总称。

(二)发展性教师评价的特征

1. 以促进教师专业发展为目的

发展性教师评价把教师工作看成是一种专门职业，认为每位教师都有在教育教学的过程中不断发展的内在需求和可能性。据此，为教师提供对教学信息的反馈和咨询，使教师对自己教学中存在的优点和缺点进行反思和总结。在此基础上，为其对专业发展和个人发展提供指导和帮助，进而提高专业素质和教学能力是评价的根本目的。显然，这种理念与现行评价体系有着质的区别。它不与奖惩、得失挂钩，其目的在于提高教学效能。因而有助于教师在一种轻松、和谐的氛围中不断提高个人素质和教学水平，更利于调动广大教师参与教师评价的积极性。

2. 改变了单一的以奖惩为目的的评价

长期以来，由于人们认识上的偏见，对教师的考核、评比或评估常常将教师分成优秀、良好、合格、差四个等级，以此为依据对教师实施奖励或惩罚。教师在整个的评价过程中极其被动，只能接受评价结果。而发展性教师评价使教师成了评价活动的积极参与者，成了评价活动的主体。这时的教师评价不再是对教师工作的简单鉴定、认可或否定，而是注重为教师工作提供多方面的信息，开展咨询和提供改进建议；不再用静态的眼光看教师，而是用动态的眼光看待教师，并帮助教师发展。

3. 注重评价的分析性，强调多种方法的综合运用

传统的评价为了取得对教师奖惩的直接依据，较多地使用定量分析，尤其是以量化分数呈现评价结果，方便教师间的横向比较。而发展性教师评价的目的是对教师进行诊断，能发现教师现存的问题并提出改进策略。所以，较为重视定性的分析，强调通过面谈、课堂观察、非正式交流等形式进行信息收集，同时就发现的问题与不足，有针对性地提出改进的意见与建议，并为教师制定相应的发展目标。发展性教师评价注重质性评价与量化评价方法的综合运用，要求将量化的评价分析整合于质性评价当中。

4. 评价内容突出综合素质，重视个体差异

在发展性教师评价中，教师的综合素质是评价的重点所在。具体来讲，就是依据动态

和发展的理念，系统、全方位、长时间、反复地评价教师教学工作中的每一个环节。教师所从事的教育教学活动具有长期性和复杂性的特点，工作中任何成绩的取得都不是一蹴而就的，而是需要长时间的积累和沉淀。因此，仅仅依靠一两次的单项评价并不能将教师教学工作的整个发展过程真实、客观地反映出来，而是会导致评价结论与教师实际工作表现呈现出较大的偏差，使教师不能很好地进行教学活动。这时，只有进行综合评价，才能对教师教学中的工作表现有一个全面系统的了解，对教师的发展方向及需求有一个清晰的把握，进而对评价过程中的晕轮效应、趋同效应等引起的各种偏差进行修正。所以，对于发展性教师评价而言，综合评价是必不可少的。

同时，发展性教师评价也注重教师的个体差异。教师与教师之间存在差异，其具体表现在个性心理、职业素养、教学风格、交往类型和工作背景等方面。所以，在发展性教师评价过程中，应该在这种差异的基础上，使评价标准、评价重点的确立和评价方法的选择体现个性化，并且在对每一位教师提出改进意见、专业发展目标和进修计划等方面具有更强的针对性。如果忽视了教师间的个体差异，就会导致不能将教师各自的潜能和优势充分挖掘和发挥出来，进而对教师的专业发展和积极创新产生严重的负面影响。

5. 注重发挥教师自我评价的功能

在发展性教师评价中，教师是评价活动的积极参与者，是与评价者平等的合作伙伴，改变了传统评价中自上而下的行政性使教师被动受评的局面。评价过程高度重视被评教师的意见和观点，这样有利于提高收集到的评价信息的质量，做出客观正确的判断；有利于被评价教师本人发现问题并主动改进和提高；有利于消除被评者与评价者之间的对立情绪，使被评者自觉地接受评价的结果。特别是重视教师自我评价的作用，强调教师的主体意识和创造精神的发挥，使教师通过自我评价认识自我、完善自我，自觉地改进问题，谋求发展。

二、发展性教师评价的原则

（一）单项评价与综合评价相结合原则

出于使评价结果的有效性以及可信性有所提高的目的，在发展性教师评价制度具体实施的过程中，单项评价和综合评价的有机结合是必须遵守的原则。

所谓单项评价，指的是针对教师工作的某一个具体方面的评价，例如课外活动、师生关系等，或者是针对教师在某一个时间段内的工作进行评价，例如，一堂课、一次班会等。对于教师综合评价而言，单项评价占有十分重要的地位。单项评价可以有效地防止综合评价结论出现表面化以及简单化的倾向。

所谓综合评价，指的是采用动态和发展的眼光，系统、全程、长期、循环反复地评价教师工作中的任何一个环节。针对教师而言，其所从事的教育、教学活动具有长期性和复杂性，其在工作过程中所取得的任何成绩都是其不断积累的结果，并不是一蹴而就的。正是因为如此，如果单纯地依据一两次单项评价或者是一两次的数据统计，是不能真实有效地对教师的工作情况进行反映的，而且会使评价结果与教师实际表现之间出现不相符合的现象。

就综合评价与单项评价的关系来看，其是共性与个性的关系。综合评价以单项评价为基础，并借助于单项评价表现出来。离开了综合评价，就没有办法对于评价对象的工作表现进行全方位的了解，也就没有办法对于教师的发展倾向以及发展过程中的需求进行把握，更不可能对评价过程当中因为影视界效应、考虑周到效应等引发的各种偏差进行修正。

实际上，单项评价与综合评价相结合的过程是静态评价与动态评价相结合的过程，是专题性评价与概括性评价相结合的过程，也是形成性评价与终结性评价相结合的过程。

（二）定性评价与定量评价相结合原则

现代评价理论指出，任何客观存在的现象都有数量方面的存在。所以，在对教师进行评价的过程中，可以采取量化的方式处理评价的数据、信息及结果，进而将评价结果以数据的形式呈现出来。上述做法可以保证认识的准确性，并促进其不断深化，也有助于评价的结论进行量化比较。

当然，量化不是评价过程中绝对的和唯一的途径，可以结合定性评价同时进行，把定性评价与定量评价有机地结合起来。就教师这一工作而言，是需要付出复杂的劳动的。具体而言，这一劳动的复杂性主要体现在以下六个方面：第一，多种多样的教学任务；第二，复杂多变的教学过程；第三，教师之间的共同协作；第四，灵活多样的劳动手段；第五，需要长期努力才能够取得的劳动成效；第六，具有示范作用的教师的一言一行。

教师的工作具有复杂性的特征，这也就决定了对教师进行评价应该采用定性评价与定量评价相结合的方法。在对教师的工作进行评价时，不仅要对教师的工作量、教学课时、课外活动等进行关注，还要对于教师完成工作的质量进行衡量。假设只对教师的工作量进行关注，那么必然会导致教师仅仅将工作的重点放在课时的数量以及课外活动的次数等方面，而不关注教学质量的提高和教育科研的开展。假设只注重教师的工作质量，就会造成教师单方面地追求科研成果的多少、公开课的开设等，会在不经意之间忽略作为一名教师应该履行的其他工作职责。唯有将定性分析和定量分析统一起来，才能彰显教师工作的特点，得出更具科学性的评价。

（三）评价过程的民主性原则

发展性教师评价与奖惩性教师评价不同，它要保证民主评价和被评教师的积极参与。这就要求破除评价过程的神秘性，增加评价过程的透明度。因此，在进行发展性教师评价时，首先，要把评价目标、评价标准、评价方法、评价程序、评价要求原原本本地向评价者与评价对象公开，以激发双方的积极性；其次，要明确评价者与评价对象之间是平等的关系、合作者的关系，而不是监督与被监督的关系。

（四）评价信息的保密性原则

唯有做好相关资料的保密工作，才能保证在对教师进行发展性评价的过程中，教师可以积极主动地参与其中，进而使评价的信度以及效度得到有效的保障。这也是获得教师信息的一个极为重要的条件。就国外而言，有机会接触到教师评价报告的只有评价对象、评价者、学校校长、教育管理部门的领导或其指定代表。而学校理事会主席仅仅能够接触到校长的评价报告，但是他不具备对教师的评价报告进行查询的权力。唯有提出申请之后，才能够查看教师评价报告当中有关教师发展目标以及行动计划方面的内容。学校理事会中的其他成员是没有权力查看教师评价报告当中的任何内容的。

三、发展性教师评价的问题与现状

（一）评价导向错位，制约教师的专业发展

目前我国绝大多数大学还采用沿袭多年的终结性评价，这种评价制度是基于管理层面的需要，评价的直接目的是依据某种或某些标准来对教师排序，并将其作为教师职称评定、人员任命及升迁、津贴发放等的主要或者唯一依据。因其是以区分奖惩对象为最终目的的，并带有浓厚的行政管理色彩，故又被称为奖惩性评价。这种评价制度对于大学管理层实现奖优罚劣目标、鼓励教师争优创绩等方面具有一定促进作用，在特定历史时期的大学教师评价中发挥过积极的作用。但由于其行政管理色彩浓厚，有悖于当前"以人为本"的社会主流思想，很难得到教师的配合和支持，尤其是对于民主意识更强的英语教师而言，共鸣与响应更是无从谈起。由于终结性评价的评价目的功利化倾向明显，对结果的过分追捧极易导致教学和科研中的急功近利，极易导致评价过程中弄虚作假及腐败问题的滋生；由于其是一种面向过去、一锤定音式的评价，缺乏对教师未来专业发展的关注，既制约了教师的专业成长，也无形中割裂了大学可持续发展与教师个人专业发展间的密切联系；由于其是一种忽视教师个体差异的"一刀切"式的评价，很难真正达到鼓励先进、激励落后的效果。

(二) 重科研轻教学, 厚此薄彼

众所周知, 教学和科研是大学英语教师工作的两个主要组成部分, 两者相辅相成, 缺一不可。但在绝大多数大学中, 教师评价中科研和教学失衡、重科研轻教学的现象比较普遍, 甚至在职称评定等关乎教师切身利益的敏感问题上只关注教师的科研成果和学术论文数量, 对教学水平等缺乏必要关注。不论大学公共英语教师还是英语专业教师, 普遍存在教学任务过重的情况, 而且教师队伍以中青年教师为主, 缺乏学术带头人和高水平科研团队。因此, 英语教师出科研成果的周期更长、难度更大, 这就导致了英语教师队伍中两种极端情形的出现, 有些教师要么设法不上讲台, 要么以牺牲教学质量为代价挤占备课时间搞科研; 有些教师则干脆放弃科研, 只是在职称评定前临时准备, 通过投机取巧甚至弄虚作假的手段蒙混过关。

(三) 量化模式崇拜盛行, 催生学术泡沫

在教师评价过程中普遍存在过度量化的现象, 这与量化管理避免评价过程中的模糊性和不确定性的初衷背道而驰, 而且这种现象愈演愈烈。一方面, 对于教师科研能力和学术水平的评价, 被片面量化为学术论文数量和发表论文刊物的级别, 甚至忽视学术研究周期较长的特征, 将每学年都有相应的论文数作为硬性指标, 这严重违背了学术研究的客观规律。而且只盲目追求论文数量而不关注论文质量, 造成滥竽充数现象严重, 催生学术泡沫。就大学英语学科而言, 高级别的英语刊物数量较理工类的刊物少得多, 发表文章难度更大。就中青年教师而言, 受知识结构、科研水平乃至职称级别所限, 在高级别的英语刊物上发表文章更为困难。为完成硬性指标, 只能是上有政策、下有对策, 真正原创性、前沿性的高水平论文屈指可数, 多集中于介绍性和议论性文章, 甚至采取同一研究成果更名后多次发表、拆开发表、互相挂名等手段, 严重影响了教师学术水平和学术道德的健康发展。另一方面, 对于教学评价则多停留在课时数的计算上, 而对教学质量缺乏较为科学系统的评估, 且在实际操作中很少被纳入现今仍占统治地位的终结性评价的评价内容中。这种"重课时数量轻教学质量"的制度, 必然造成教好教坏一个样的"吃大锅饭"局面。就教学活动而言, 与一般普通劳动有很大差异, 教学效果具有后显性, 也就是说不是立竿见影的, 因此, 更难以用简单的课时数来衡量。

另外, 由此产生的评价结果简单化的问题也较突出。由于评价过程中对量化管理的过度追求, 评价结果往往以优秀、良好、合格和不合格等量化标准公布, 而对教师自身存在的优势和不足缺乏具体的反馈, 使教师在评价结果面前茫然而不知所措。

四、大学英语教师发展性评价策略

(一)突破落后观念束缚,更新教师评价理念

思想是行为的指南,评价理念和评价活动的关系也是如此。评价理念的科学与否对评价活动的合理性起着决定作用。奖惩性评价方式已成为影响和制约大学英语教师专业发展的瓶颈,这就要求大学管理者必须从转变观念入手,突破奖惩性评价理念的束缚,牢固树立以教师发展为本的评价理念,即发展性评价理念。认清评价不应再侧重于从行政管理角度出发,通过对教师进行排序并根据结果进行奖惩为主要目的,而是要将教师的专业发展放在首位,将教师专业发展和学校科研及办学水平提高统一起来,以实现双赢为最终目标;认清评价不应再仅仅拘泥于对教师过去成绩的关注,不应以一时一事论英雄,而是用发展的眼光对待每一位教师;认清评价应与教师发展相关而与奖惩无必然联系或者仅仅作为其中的一般性指标。

认清评价不应是管理者唱"独角戏",而是将评价主体扩展到教师自身、学生、同行、专家等更广阔的范围。同时,作为被评价的教师也需要积极更新对教师评价的认识,增强参与评价与利用评价结果促进自身发展的能力。

(二)优化科研教学权重,关注发展体现公平

在奖惩性评价制度下,教师职称晋升、评优等均以科研成果为唯一或最重要的指标。这对于那些勤勤恳恳、踏踏实实搞教学的教师而言有失公允,也容易造成教师教学积极性的丧失,导致教学质量下降。鼓励教师搞科研无可厚非且十分必要,但忽视评价指标中的教学权重,过犹不及。科学的教师评价制度理应通过合理设置教学、科研权重引导教师将更多精力用于教学上,并尽量将科研与教学挂钩,做到教学、科研都要同时重视。发展性教师评价突出关注教师的专业发展,而大学英语教师队伍中教师素质呈现出明显的层次性、差异性特征。在教学、科研权重的确定上要因人而异、避免搞"一刀切"。对同一教师而言,权重的分配也要体现发展性,伴随教师专业成长而动态调整。对于从教时间较短、教学经验欠缺、知识层次较低、处于科研起步阶段的教师,可突出教学权重的主导地位,而随着其从教经验的不断丰富、知识层次的不断提高、科研能力的大幅提升而逐渐增大科研权重,使教师在不同阶段的科研、教学的权值都保持在相对合理的范围内。

(三)定量定性相结合,突出质量兼顾效率

奖惩性评价的功利色彩必然带来学术成果以及教学上的比量不比质,实施发展性教师

评价，就是要突破量化模式的束缚，但这并非意味着对指标量化的全盘否定，因为全盘否定指标量化，必然带来学术和教学管理上的混乱和低效，导致教师评价的模糊性和不确定性，这同样是灾难性后果。在大学英语教师评价中实施发展性教师评价，就是要结合英语学科的特征，走定量和定性评价相结合的道路，取长补短，相得益彰。

对教师科研能力的评价，应符合英语学科学术自身的运行规律，创造相对宽松的评价环境。英语作为一门社会学科，不可避免地具有社会科学出成果难、周期长等共性特征。加之英语教师课时多、教学任务繁重，因此，学术评价中要适当淡化数量指标，考核周期也不宜太短，并要有必要的弹性，给教师以潜心于教学和学术研究的时间，文章重精而不在多。应将原创性、前沿性作为学术评价的核心指标，应将高质量、高水平作为学术评价的重要标准。

对教师教学的评价应淡化教学数量，强调教学质量。课时数可作为一个衡量工作量的参考指标。而对教学质量的评价则要结合教师自评、同行评价、学生评教、专家评估等多种渠道综合获得，而且要将评价结果及具体内容及时反馈给被评价教师，使教师能在评价中获益，在未来的发展中扬长避短，切实发挥教师评价对教师发展的促进作用。

（四）评价渠道多元化，互动交流互证互补

教师的教学和科研业绩往往具有可比因素不易确定、基化难度大、后显性突出等特征。因此，教师评价是一项专业性极强的工作，仅通过学生成绩、论文数量、行政领导的主观印象或群众的投票等往往挂一漏万，很难做到全面、客观。现实中，由院系领导及行政管理人员组成的评价主体成为教师评价中的主要力量或其影响力远大于其他评价主体影响力的现象在院校中普遍存在。而这些人员绝大多数缺乏必要的评价专业技能的培训，因此，评价偏差在源头上就在所难免。加之易受隶属关系、人情因素等影响，评价中的人为偏差也很难避免。此外，教师同行、学生等形式的评价主体由于自身利益等关系也都带有相对的局限性。

要尽可能地消除评价中的种种偏差，就要拓宽评价渠道，实现评价主体多元化，并强化管理者、专家、教师自身、学生、专业评价中介机构等评价主体间的沟通与交流，通过多种评价信息的互证互补尽可能确保评价结果的客观、公正、全面。

教师自评是评价民主化的一种重要手段，不但可以消除对教师评价这项工作的抵触情绪，增强主人翁意识，而且能够通过评价激发其自我管理和自我激励的内部动力，促进其不断自我反思、自我调控、自我完善，应将其作为教师评价中的一个重要环节突出出来。

学生作为教学主体，既是教育产品的直接消费者，也是教学成果的直接享受者。因此，对于教师的授课技能和敬业精神等方面，学生往往更具发言权，学生评价的作用举足轻重。由于教学效果具有典型的后显性，因此，学生评教要突出评教的动态性和连续性。

除了在课程教学过程中安排若干次评价外,在课程结束后的下一个学期或几个学期后再由同一批学生对该课程任课教师进行评价,甚至可通过网上问卷、电话采访等形式跟踪收集部分毕业生的评价意见。以上可通过开发较完备的网上评价系统实现。考虑到后续评价的计量对于评价实践的可操作性问题,宜将其作为一种必要的验证和辅助手段。

由于教师评价工作是一项专业性很强的工作,通过建立合理的外部教师评价机制,引入具有独立法人资格、权威性较强的教育评价中介机构参与教师评价工作,既能较好地解决现有各评价主体评价专业技能不足等问题,又能有效地规避评价主客体间由于行政隶属和千丝万缕的人情、利害关系所带来的种种弊端,更能有效地避免外行评价内行、评价过程不透明等问题,是教师评价工作可考虑的改革方向之一。

第二节 信息化背景下大学英语教师专业化发展路径

一、信息技术对大学英语教师专业化发展的作用

(一)信息技术对大学英语教师个体发展的促进

信息技术作为最先进的现代教育技术,为大学英语教师的专业化发展提供了有利的平台。

1. 信息技术为大学英语教师专业发展创设基础性平台

信息时代要求人们必须具备基本的信息素质。信息时代的教育要培养学生迅速地筛选和获取信息、准确地鉴别信息的真伪、创造性地加工和处理信息的能力,并把学生掌握和运用信息技术的能力作为与读、写、算一样重要的基础能力。作为实施信息时代教育的教师,必须首先具备较高的信息素养。因此,学校的教育信息化建设,为教师的信息素养的塑造提供了基础性的平台,学校领导对信息化的重视程度、建设力度以及管理水平,将直接影响教师的信息素养的发展。

2. 信息技术为大学英语教师专业技能发展创设实践平台

对于基础教育课程改革,教师必须具备较为专业的教育教学实践能力和科研能力。通

过计算机网络,教师可以最大限度地吸纳、借鉴成功的教育教学经验,并可以将自己的教学实践成果,通过网络与广大同行进行交流探讨。

3. 信息技术为大学英语教师专业发展创设资源平台

广义的信息技术,是指凡涉及信息的产生、获取、检测、识别、交换、处理、存储、显示、控制、利用和反馈等与信息有关的以增强人类信息功能为目的的技术。由此所界定的信息技术资源极为广泛。在新的信息技术革命的时代,知识信息的呈现、传递与接收手段和方式也相应发生了质的变化。计算机网络技术的发展丰富了知识的获取渠道,知识更多地以多媒体技术手段展现,实现了集成性、交互性、可控性、实时性、非线性等特征,为教师专业知识的发展构筑起丰富的数字化的知识资源宝库。

4. 信息技术为大学英语教师专业发展创设教育反思平台

信息技术为反思性教育实践提供技术、环境、资源支持,真正实现跨时空、低成本、高效率的教学反思和研究活动,提高教师的教育科研能力和实践能力。教师对教育实践的主动探求和反思,会推动教师的责任感和理论水平的发展,使教师对教育、学校以及自身的存在与发展有更深刻的理解。同时,借助网络,广大教师可以及时了解国际国内教育发展的倾向以及名校、名师的教育实践,从成功教育典范身上受到启发,树立远大的目标,激励和促进自身的发展。

5. 信息技术为大学英语教师专业化创设终身发展平台

教师专业化的成长是一个终身学习和终身发展的过程。现代远程教育为教师的终身学习提供数字化、网络化学习环境和资源。通过现代远程教育,教师可以选择任何时间、地点、进度、方式,选择自己需要的内容进行自主学习。教师还可进行异地交流讨论、协作研究,实现合作学习。现代远程网络教育不同程度地满足了每位社会成员的学习需要,为构建学习型社会和终身教育体系发挥了重要作用。

(二)信息技术对大学英语教师群体发展的促进

每个教师都属于特定的教研室、学科组或年级组等,这些群体发展状况与教师个人的发展密切相关。教师个人的发展是建立在群体发展的基础上的,教师专业发展开始出现了群体发展的模式,这也是教师实践共同体概念的核心。而教师个体发展又是教师群体发展的最终目标。因此,教师群体知识管理是在教师个体知识管理基础上实现的个体知识交互和个体协作发展。

1. 有助于建设基于信息技术的协作环境

与教师个人知识管理相比，教师群体的知识管理是一个更为复杂的系统工程，涉及技术、组织结构与文化各个方面。以知识管理作为其中的主要手段，不仅可以有效地实现教师专业知识的集中管理和应用，而且可以使教师个人的知识管理与教师群体的知识管理实现衔接。大量的社会性软件应用于教师专业发展过程，教师群体的知识可以得到更为有效的管理和运用，教师"实践共同体"之类的概念也变成了现实。

2. 有助于构建基于网络的实践共同体

所谓实践共同体，就是有着同样的目标、同样的工作或者同样的兴趣的一群人组成的一个非正式的团体。在这种团体里面，每一个成员都可以就他们共同关注的问题进行讨论，从而促进知识共享，加深对问题的看法。

实践共同体能够让许多对同一个目标感兴趣的群体进行有效的讨论和协作。事实上，教研室、学科组甚至是班集体也可以说是实践共同体。传统的教师学习是教师独立进行的学习，短期培训班、研讨会模式有助于教师在团体推动下积极学习。但其后续的反馈、支持相对就比较困难，因为教师很难将有关自己教育教学实践的反思与其他教师讨论。

基于网络的教师实践共同体能够很好地解决上述问题，从而使得虚拟实践共同体得到比较广泛的应用。虚拟实践共同体是虚拟社区的一种。所谓虚拟社区，是一个围绕某种兴趣或为达到某种需求，而通过计算机网络交互方式进行交流和活动的共同体。虚拟社区的形成突破了原有的地域限制，以及早期社区概念所强调的血缘关系限制。

通过网上的教师实践共同体，教师能够围绕共同的目标进行合作，交互地进行决策和行动，共同进行探究。为此，对教师来说，也应该充分尊重多元化的观点，积极参与群体的讨论和协作过程。在这种和谐的学习环境中，为教师个体提供更多的相互学习和借鉴机会，促进新知识的形成，开发教师个体的成长潜能。

3. 树立知识共享观念

从组织角度来看，个人层次的学习远没有组织层次的学习重要。也就是说，人与人之间的交流学习才是组织发展关注的焦点。加强人与人之间的交流学习的实质就是知识共享，因而如何创设这样一种文化氛围，是组织知识管理所要考虑的问题。为了创设知识共享的文化，必须重视以下三个问题。

（1）学校层面应提供一种合作与信任的环境和组织文化

竞争的环境是很难让人有共享的意愿的，因而要推动知识共享，必须建立一个合作的、相互信任的环境。

(2)吸收外部最新知识并积极共享

每一个教师都应该努力学习和获取有关最新的教育教学理论,并将此共享给学校或者所在教学组织的其他成员,这是提高和改善教师功能的最重要途径之一。

(3)要以实际行动来创新

很难想象一个保守的系统里面能够涌现大量新的知识,教师的实践和反思是学校知识创新的基础。每一个教师都应该将自己的实践和反思与其他教师共享,并形成一个良好的习惯。

信息技术对群体专业发展的影响体现在新的组织结构与文化氛围的形成。教师实践共同体是目前教师专业发展中一种比较常见的组织形式。这种形式在网络技术的支持下,突破了传统组织结构中科层制的臃肿与低效,采用了一种扁平化的组织形态,围绕着明确的目标行事,能快速地响应变化的环境,为教师专业发展提供了一个高效的环境。同时,在这样的组织中也开始形成一种知识共享的文化氛围。由于有同样的目标,分享着同样的兴趣,大家只有尽量地在共同体内部分享知识,共同体才能实现共同的目标,进而创造出新的知识。

对教师组织来说,信息技术的导入会引起原来的组织结构与文化氛围的某种不适应。为了更好地发挥信息技术的作用,组织结构的转变与文化氛围的重塑是不可或缺的。

二、信息化环境对大学英语教师专业发展的要求

(一)全新的专业知识要求

传统的教师专业知识主要包括文化素养、专业学科知识、教育学科知识。显然,面向信息化的专业知识还应该包括高度的信息素养,因为它是信息时代所有人都必须共有的素质。但是,从教师的职业视角来看,仅仅拥有普遍意义上的信息素养仍是远远不够的,还应该形成将信息技术与本职工作相整合应用的素养,即信息化教学设计与实施能力、技术支持的专业实践能力等。具体而言,在信息技术环境下,大学英语教师的专业知识还要包括以下两个要素。

1. 基本的信息素养

大学英语教师必须掌握现代教学技术和具备信息素养,这是信息时代改革英语教学和提高英语教学质量的关键。具体而言,大学英语教师信息素养包括以下四个方面的内容。

(1)信息意识

信息意识是人们对各种信息的自觉心理反应,是人们对客观事物中有价值的信息的感

知能力、判断能力和运用能力的综合体,即对信息科学正确的认识和对自己信息需求的自我意识。信息意识有三种表现形式:对信息具有敏锐的感受力;对信息具有持久的注意力;对信息价值具有判断力和洞察力。大学英语教师需要对教学信息有敏感度,能意识到信息对创设英语语境的重大作用,了解什么信息能够促进英语教学;具有获取有利于教学的信息的意识;具有将信息与英语教学整合的意识。

(2)信息知识

信息知识是指一切与信息有关的理论、知识和方法,是人们在利用信息技术工具、拓展信息传播途径、提高信息交流效率中所积累的认识和经验的总和,是进行搜集信息、加工信息、利用信息等信息行为的原材料和工具。信息知识包括基本信息常识和技术性知识。例如网络信息知识,是指人们对网络信息本质、特性和常识性的一些网络基本知识的了解;网络信息技术专业知识,是指对网络信息方法、网络信息技术的了解和掌握。

(3)信息能力

信息能力是信息素养的核心,信息能力是指人们有效利用信息设备和信息资源获取信息、加工处理信息以及创新信息的能力。大学英语教师的信息能力是信息素养的核心,可细分为以下七种类型的信息能力。①获取能力:运用信息和通信技术(Information Communication Technology,ICT)获取英语教学资源的能力,包括信息的检索和下载;②评价能力:运用ICT客观评价英语教学资源和学生英语学习情况的能力;③处理能力:运用ICT对英语教学资源进行教学加工的能力;④管理能力:运用ICT对英语教学网络和本地资源进行收集、组织、整理和储存的能力;⑤整合能力:运用ICT辅助英语课堂教学的能力;⑥交流能力:运用ICT与专家、同行和学生进行英语教学经验交流的能力;⑦研究能力:运用ICT进行英语教学研究的能力。

(4)信息道德

信息道德是指涉及信息开发、传播、管理和利用等方面的道德要求、道德准则。在信息素养形成过程中,信息道德承担着道德规范和监督制约不良信息行为的角色。信息道德作为信息管理的一种手段,与信息政策、信息法律有密切的关系,它们各自从不同的角度实现对信息及信息行为的规范和管理。信息道德包括著作权、合法性和道德规范等问题。信息道德规范的目的是教育人们尊重别人的劳动成果,不能恶意窃取,遵循一定的信息伦理与道德准则,规范个人信息行为素质。

2. 丰富的信息化实践知识

当前,信息网络呈现出不断扩展的趋势,教育也要加快信息化的进程。这就要求未来的教师要将教会学生获取"信息知识"的本领,把将学生培养成为"信息化"的人才当作主要任务。但要培养出"信息化的学生",就要有"信息化的教师",因为教师负有指导学生学习的任务。因此,信息化环境下,涉及技术及其应用的教师实践性知识的探索就显得尤为重要。

教师通过对自己教育教学经验的反思和提炼形成对教育教学的认识。教师对其教育教学经历进行自我解释而形成经验，上升到反思层次，形成具有一般性指导作用的价值取向，并实际指导自己的惯例性教育教学行为。从该概念可以看出，教师实践性知识不仅包括表现出来的行为，还包括行为背后的信念、意识。教师实践性知识是指教师在具体的日常教育教学实践情境中，通过体验、沉思、感悟等方式发现和洞察自身的实践和经验之中的意蕴，并融合自身的生活经验及个人所赋予的经验意义，逐渐积累而成的运用于教育教学实践中的知识及对教育教学的认识。它实质地主导着教师的教育教学行为，有助于教师重构过去经验与未来计划，从而把握现时行动。

信息化环境下的教师实践性知识，也称教师信息化实践性知识，是指教师基于自身教育教学的需要，在具体的日常教育教学实践情境中，通过体验、感悟、反思和提炼所形成的运用信息技术相关技能及教学理念处理教育教学问题的认识，并且这种认识会自觉地指导自己的惯例性教育教学行为。

顾名思义，教师信息化实践性知识是教师个体所拥有的实践性知识，也就是教师在应对信息技术教育情境中生成的关于"如何做"的相对稳定的策略性认识体系，是指教师在具体的日常教学实践过程中，通过体验、反思等多种方式发现信息化教学实践过程中的意蕴，且结合自身的生活经验，逐渐积累而成的对信息化教学的认识，并且将这种认识用于指导自己的学科教学实践的知识。具体而言，它受教师工作环境、教育对象和教学内容的影响，是教师特有的一套服务于在信息化环境下开展教育实践的综合性知识，是教师在教育教学实践中生成并不断建构形成的教育经验体系与教学智慧素养。它既包含可言明的显性知识，也具有缄默的隐性知识特性。它应用于实践，贯穿于实践，指引和规范着教师的言行，将实践活动不断推向自身教育信念所预设的目标状态。

此外，教师信息化实践性知识生成之后并不是稳定的、长期不变的，而是根据当前遭遇的问题情境与之前的个人经验灵活组合，在复杂、动态的实践场景中表现出一种惯常性倾向，是随着信息技术的发展而发展的。它在静态上反映了教师实际上对信息技术支持的教育教学的认识；在动态上反映了教师根据自身教育信念，筛选并组织相关理论性知识，合理运用能力开展信息化教育活动，实现预期目标的行动意识，是一种行动准则。

教师信息化实践性知识的形成和发展依赖于应用信息技术的意识及实践，是由实践经验转变而成的指导个人教学行为的规律性认识，主要包括教学信念和教学技能两个层面，具体表现为教师在教育教学过程中，具有自觉应用信息技术的意识，运用信息技术解决教育教学问题已成为一种日常教学习惯。从内容维度构成来说，包含教师信念、信息技术知识、信息化教学策略知识、信息化环境中的学习者知识、信息化教学评价知识等。从整个教学过程来说，它贯穿于教师备课、上课、作业检查与批改、课后辅导及学习评价各个环节。教师信息化实践性知识决定了教师的教育行为，影响着教师的教学效果，既是教师个人专业发展的知识基础,也是教师群体专业化地位提升的知识依据。

(二)新的角色要求

信息时代的到来,不仅迅速改变着人们的生产方式、生活方式、思维方式和学习方式,也给教师的工作和自身角色带来挑战和机遇。在信息化环境教学下,大学英语教师运用现代教学手段和教学方法,改变旧的教学理念和教学模式,在保持普通大学英语教师角色的同时,还要担当以下角色。

1. 有效主题教学模式的设计者

信息化环境下,英语教学要求教师探讨和设计新的教学模式和方法,既要充分发挥网络的优势,又要提高学生的学习效率。英语教学内容的主题教学模式是从现实生活中选取学生感兴趣的热点话题,进行英语语言问题探讨活动,从而学生自然习得英语知识与技能。整个主题模式教学围绕某个主题,进行主题小组分散讨论,专题搜索阅读和集中讨论,最后以专题写作形式结束单元主题教学。教师在运用网络技术辅助参与讨论时,要合理安排课堂教学内容和网上资源的占有比例,通常阅读和写作可放在网络自主学习中,答疑解难、讨论和讲评可以在课堂上进行。

在信息化环境下,教学的每一个主题都可以在网上查到丰富的相关资料,包括有关的背景知识和最近的发展动态。学生可以对自己搜索的资料进行整理总结,得出个人的见解和结论,然后和其他同学展开交流讨论,这样可以摒弃课本对于学生的束缚,拓展延伸学生的知识面,提高学生参与话题的兴趣和积极性。在这种学习模式下,为了帮助学生迅速查到相关的资料,避免耗费过多的时间,教师可以在学习网站上链接常用热点新闻网址,帮助学生接收更多的国内外信息。为了帮助学生了解英语学习信息,还可以介绍英语国家的主要报纸杂志的网址。另外,可以下载一些具有前沿性、争议性的资料,引发学生跟踪报道的欲望和挑战意识。当然,对于一些敏感话题,教师要正确引导,特别是关乎国家民族尊严的话题。

2. 交互机制实施的促进者

语言习得的关键在于交互活动,意义协商和语言输出都包括在这一活动之中。而计算机网络为大学英语学习的交互提供了更大便利。教师作为网络交互学习实施的促进者,组织指导和激发学生参与主题单元任务的交互活动。网络交互活动可以是即时性的,也可以是延时性的。学生可以在留言板或者论坛中提出问题和求助,其他同学可以参与讨论交流并给出问题的答案和帮助,就每个问题或者章节,教师可以给出自己的见解和总结性发言。在整个交互活动中教师的身份就是一个参与者和评价者,平等地参与讨论交流并适当给出指导性的建议。

3. 网络信息的搜集和分析者

随着大规模在线公开课程的使用,大量的名校课程可以免费获取,使学生进行学习的途径有了更多的选择,这相应地对大学英语教师提出了更高的要求。数字教育平台的建立使得各门课程的网络学习者数以万计地即时产生,网络课程库的信息海量、飞速、纷繁复杂地被捕捉储存起来,其中包括学习者的每个学习步骤、时间的长短、测试的成绩、参与讨论的频率和方式等细节。通过搜集挖掘分析这些学习者的海量信息,才能准确把握学习者的特征、学习效果,预测适合学习者下一步学习的内容和形式,真正做到因材施教,量身定做个性化的学习计划和模式。作为大数据的挖掘分析者,大学英语教师必须掌握大数据分析的方法,其中包括机器学习、模型预测、可视化、比较优化和数据挖掘等。机器学习是一门多领域交叉学科,涉及计算机、统计学和概率论等学科,目的是设计对已知数据进行自动分析、查找规律进而预测未知数据的方法;数据挖掘包括监测式和非监测式学习,监测式学习分析方法需要对大数据进行分类、评估;模型预测是建立数据变量模型,通过对照比较模型来预测学生未来行为的一种分析方法;可视化是将大数据进行标签编辑,便于查找分析预定的目标,可视化是进行大数据分析的有效手段。

4. 在线学习系统的建立者和学生学习过程的监控调节者

网络技术为学生自主学习提供了便利条件,调控、提供个别辅导和帮助学生自主学习成为教师的主要任务。

在网络辅导教学中,要想实现对学生有效地调控和个别帮助,首先要建立一个完善的在线教学系统监控学生的学习过程。这个系统至少包含教师端和学生端。学生通过学生端填写个人信息,按照班级向教师提出申请加入系统;教师通过教师端核查信息,确定无误后批准学生进入学习系统。学生可以根据各项指示导航在课程信息中获得相关学习资料,在"单元测试"中进行自我测试和训练,在"家庭作业"中提交个人作业。每个学生都可以通过"师生论坛"和电子邮件与教师及其他同学联系交流。教师只要登录教学系统就可以查看学生的测试作业和作文,并在网上进行批改回复,还可以浏览"师生论坛"和电子邮件了解学生自主学习和参与网上交互的情况。

与传统的课堂教学模式相比较,在线教学成为课堂教学的延伸和补充,通过系统记录和处理,教师可以将学生的记录进行综合比较,既可以获得单个学生的变化成长记录,也可以得出学生间、班级间的差别比较,教师可以迅速、直观、动态地了解学生学习状况。在网络教学系统中,建有"管理员"模块,在一个或者几个年级中展开网上教学活动,管理员负责系统中的关键性因素,如班级、课程、用户信息的添加与修改,不断地调整保障整个学习系统的正常运行。整个学习系统通过联系网管、聊天室和BBS进行教与学和管理三方面的交互活动，学生对教学内容、方法和任务的见解和看法都可以在系统中做出反应和反馈。教师端成为教师的个人网站，教师可以传递授课内容，发布通知，布置作业任务，进行网上交流和信息反馈。在网上教学实践中，网络学习的效率和网络资源的利用率取决于教师的具体操作与设计，以及如何调动学生参与网上自主学习的积极性。

进入网络时代，随着网络日益渗透英语教学中，大学英语教师必须成为有效主题教学模式的设计者、交互机制实施的促进者、大数据的搜集挖掘和分析者以及在线学习系统的建立者和学生学习过程的监控调节者，大学英语教师的角色将更加多面、全能、高端。

(三) 新颖的教育理念与非凡的科研能力

1. 新颖的教育理念

网络环境下，语言的学习过程就是教师和学生双方相互作用的过程。教师和学生都是主体，教师是教的主体，学生是学的主体。因此，互动学生主体课堂理念不仅没有否定教师的作用，反而更加强调教师的指导管理和监督作用，教师发挥着愈加重要的作用。在这种教学理念下，作为教的主体，教师要发挥指导的作用，课前就必须搜索相关的教学材料，设计有效的语言活动主题，并布置课堂的活动任务，调动和激发学生的参与热情，让学生课下做好充分的准备，包括网上搜集资料和课下交流讨论等。

2. 非凡的科研能力

教学理论来源于教学科研实践，科研实践是检验科研理论和再次形成科研理论的基础。教育教学要把科研和教学实践结合起来，教学实践要由一定的科研理论做指导，同时新的科研理论方法产生于教学实践，两者互相补充，互相促进，共同发展。每位教师只有在对教学实践深入研究的基础上才能有所提高和创新，否则只能是重复机械的劳动。因此，作为大学英语教师必须具备高度概括和提炼教学过程而形成教育科学理论来指导未来教学实践的能力。

作为网络时代的大学英语教师，要具有一定的科研水平。这就要求每一位教师除了解基本的研究方法，如问卷调查法、教学实验法、文献法、访谈法外，还需掌握教育叙事研究、个案研究和行动研究等研究方法。教师可以根据研究需要选择适合自己的研究方法。

三、信息化背景下促进大学英语教师专业化发展的思考

当前，信息技术与课堂教育的结合呈现出越来越紧密的趋势，主要原因在于：一是科技的日新月异及应用的快速、普遍，二是政府对教育的关注和投入日益加大。在现代的具

体教学过程中,应该从以下三方面着手,使教师有效、灵活地运用新的教育技术,进而使大学英语教师的教学工作更加专业地与现代大学教育教学的特征相适应。

(一)英语教师专业化要协调好信息技术与传统教育之间的关系

信息技术这一概念所包含的内容较为宽泛。一方面,涉及随着社会生产力发展与科学技术的发展在教育领域之中的运用;另一方面,包括新的教育理论、教育新思维以及新的教学手段。多媒体网络语音室伴随着信息技术在教育教学中的普及,计算机网络技术的日趋成熟而产生的。在高校教学改革中,信息技术提供了强大的技术支撑。新的教学模式应以现代信息技术,特别是以网络技术为支撑,使英语教学朝着个性化发展、不受时间和地点限制的学习、主动式学习的方向发展。信息技术应用并不排斥传统的面授,而是更重视应用计算机和网络的教学模式。从老师讲、学生听的教学模式转变为以计算机、网络、教学软件为主的个性化和主动化的教学模式,以多媒体网络技术为基础的信息技术应用,将在大学英语教学中发挥越来越重要的作用。

在这种的新的形势下,对于大学英语教师专业发展来讲,其面临的主要问题是要正确认识传统教学方式与信息技术应用之间的区别以及联系,并有效运用,使教学内容及模式进一步丰富和拓展,进而获得最优化的教学效果。

传统教学与信息技术教学之间的差异主要体现在教学模式、教学方法、教学内容上。传统教学模式是以教师、黑板、教科书、学生等为主的讲授式教学,注重教师的主导作用,课堂活动也是以教师为主体的。这种教学模式下,学生基本上是被动的接受者,学生的个体差异性得不到充分发挥。信息技术教学模式是以网络、计算机、教学软件、音频等为主的多种新技术、多层次、多角度的立体式教学模式。以学生为主体的课堂活动导致教师需要担任三种任务角色,即课堂的设计者、组织者、引导者,不仅发挥了教师的主导作用,还充分发挥了信息技术的功能和优势,进而充分尊重了学生的个体差异。

传统教学与信息技术教学是相互关联、相互作用的。信息技术促使教师要更新教育观念,转变教育手段。信息技术教学以它的独特性、先进性、高效性著称于世。然而要想真正发挥出它的优势,就必须根据教学内容的实际需要合理使用信息技术。信息技术教学内容、模式、手段都必须符合教学目标,服务教学目的。教学中的教师、学生与教学内容、手段要相互联系、相互配合,因此应用信息技术的内容应包含在教学内容里。信息技术与传统教育技术间的关系是互为补充、互相监督的,这样可以防止出现过度依赖某种技术的现象,或者不科学地利用信息技术对教师专业化进程的发展造成不良影响。例如,部分教师在课堂教学中,过度追求视觉上的新鲜感、娱乐性,在课件中插入大量的多媒体图片和视频,反而严重分散了学生的注意力,或者无法在规定的时间里展现全部的教学内容,从而使教学效果大打折扣。所以,在教学实践中,首先要对教学内容进行深入的研究。在此基础上，根据内容合理使用信息技术。只有这样，才能真正发挥信息技术对教学的辅助作用，实现课堂教学效果最优化。

(二) 英语教师专业化意识的培养与信息技术能力的习得具有统一性

英语教师专业化意识的培养是全面提高大学英语教师素质的一个重要环节，也是大学英语教学改革的重点。

信息技术能力的习得，就是通过学习、演练、应用、提高，进而深化到大学英语教师的实际教育教学工作中去。在这个过程中，大学英语教师将开阔视野，拓宽知识面，从单纯的英语领域扩大到其他相关领域，进而成为专业突出、知识丰富、技能全面的新型教学能手。因此，信息技术的习得能力在高校英语教师专业化能力中占有重要的地位，习得某项信息技术后会改变传统教育手段，激发学生的学习热情，提高教学效果。

(三) 信息技术的发展有利于加速英语教师专业化的进程

信息技术条件下的网络多媒体是一门综合技术，具体是特指将文字、声音、音乐、图形、动画和声像技术中的音频、视频等多媒体形式与计算机集成在一起，并从逻辑上将这些媒体形式连接起来，便于更为生动、复杂的信息的传递。其具有多方面的优势，主要体现在以下四个方面：第一，信息量大，且图文并茂，内容丰富；第二，传递速度更快；第三，多样化的信息载体形式，如声音、视频等；第四，集开放性、交互性、自主性、生动性和个体化于一体，能够使教学效果得到有效的提高。当然，这也对大学英语教师专业化发展方向和教育技能提出了更高的要求。

目前，大学英语教师专业化发展过程中，因大学英语教师在知识结构、自我发展理念、自我认同感等方面存在差异，在继续教育学习中存在种种不足，将对大学英语教师的专业发展造成影响，从而在我国大学的英语教育教学效果和涉外人才的培养上问题重重。信息技术无论是从教学媒介的层次来看，还是从教学手段的应用来看，对于转变大学英语教师的教学方法、提高教学水平、提高教学效果等方面都发挥了重要的推进作用。

随着信息技术的发展和应用，大学英语教师利用网络和信息技术软件，既可以随时随地地对西方社会文化知识结构进行系统与全面的了解，也可以全面加速和提高学习应用信息技术的能力和水平；既可以从根本上转变传统落后的教学内容和教学手段，也可以丰富学生的学习内容、学习技能；既可以提高英语教师教学能力和水平，也可以全面提高教育教学的效果。实践证明，在教育教学中充分利用信息技术开展课堂教学，是加快大学英语教师专业化、技能化的一个重要途径，是大学英语教学改革的重要内容。作为大学英语教师，应当能够根据学生的年龄特点、所传授知识的不同层次与类型等选择相适应的现代信息技术。这样一方面有利于提高大学生学习英语的兴趣和技能，另一方面也有利于英语教师自身的知识储备与英语授课技能的提升，进而促进大学英语教师的专业化发展。

第三节 信息化背景下大学英语评估体系的多元构建

高等教育具有大众化、信息化、网络化的特点，这就对大学英语教学提出了全新要求。这不仅仅是教学模式的变革，更重要的是评价理念、评价方法以及评价实施过程的变革，不断健全、完善科学的评价体系。将多元智能理论应用在教学实践中，为教育教学改革提供了一种全新的视角。实践证明，构建基于多元智能理论的评价体系对提高教学效果及学生各方面能力具有积极的现实意义。

一、理论基础

多元评价的教学理论最初是由美国哈佛大学心理学家霍华德·加德纳提出来的，这一概念以他提出的全新的人类智能结构理论——多元智能理论为基础。他认为，人的智力包含语言智能、数理逻辑智能、音乐智能、空间智能、身体运动智能、人际交往智能、自我认识智能和自然观察智能八项智能，是彼此相对独立且以多元方式存在的。多元智能理论的本质承认人的智力是多元的，是多维度地表现出来的。这就要求教师在教学中根据课程性质、教学要求、教学对象和教学内容采取灵活多样的评价方式，以自由的教学情境为基础重视不同学生在认知和思维上的差异，强调以学生为中心，鼓励学生发挥主观能动性，培养学生的多元智能，实现对学生知识、能力、素质等各个方面的多方位评价，从而促进科学的教学改革方式的形成，提供改进教学的信息，并最终保证学生全方位的发展。

建构主义理论也对多元评价的教学理论产生了重大影响。建构主义认为，学生不是外部刺激的被动接受者，而应是知识意义的主动建构者；教师不是知识的灌输者，而是学生主动建构知识意义的帮助者。学生应自我监督、自我测试、自我反思以检查了解自己建构新知识的过程及成效，从而随时改进学习策略，达到最终的学习目标。因此，在教学中，教学评价的主体应该是学生，包括学生的自评和互评，应让学生积极参与到学习过程中来，而不仅仅是教师的评价。同时，评价不仅是要评价学生学习的结果，还要全方位地评价学生的学习过程。

二、网络环境下多元评价体系的构建原则

无论是现代教育理论还是大学英语网络教学本身的特点，都要求大学英语网络教学评价是一个多元、平衡、动态的评价体系，这样一个评价体系的构建应该遵循如下原则。

（一）形成性评价与总结性评价相结合

目前，多数高校在实际操作中所采取的评价仍然是总结性评价占比较大。有的教师则提出新的评价体系应以形成性评价为主。其实，教学评价并没有固定的模式，关于形成性评价与总结性评价所占的权重问题应该以符合本校的实际情况为基础，以促进教学质量提高的原则而制订。

（二）定性评价与定量评价相结合

测试和量化打分是传统教学评价中常用的方法。在形成性评价中，有一部分内容是很难量化的，如学习表现、情感态度、学习策略等，对于这部分内容的评价宜采取定性评价的方法。

（三）评价主体多元化

评价主体的多元化包括学生的自我评价、教师对学生的评价、学生互评和网络系统的评价。关于学生的自我评价，主要是看学生进行自我评价的态度和评价的及时性。教师对学生的评价分为可量化的内容和激励性的内容两部分：课堂表现、第二课堂活动表现、随堂测试、单元测试是可量化的，而对学生的口头评价、书面评语等则主要涉及学生的情感态度、学习策略等，起的是警醒、建议或激励的作用。对于学生互评，教师要制订出评价标准，严格控制，规范操作，避免流于形式。网络系统的评价应具有客观性、高效性，教师必须熟练掌握网络教学管理平台的操作，事先设定好系统评价的内容和权重。

（四）评价内容多元化

评价内容的多元化包括对学生智力因素的评价和非智力因素的评价。对智力因素的评价内容主要包括英语知识、英语应用能力和跨文化交际能力；对非智力因素的评价内容主要包括情感态度、学习策略和意志品格。以往的教学评价片面注重对学生学习效果的评价，特别是对英语知识掌握程度的评价，忽视了对英语应用能力、跨文化交际能力的评价，更忽视了对学生情感态度、学习策略和意志品格的评价。

（五）评价形式多元化

评价内容的多元化必然要求评价形式的多元化。形成性评价可以采取随堂测试、单元测试、计算机辅助的口语测试与听力测试、第二课堂英语竞赛、英语演出等方式对学生进行英语知识、应用能力、跨文化交际能力的评价；采取电子档案式自我评价、教师口头与书面评语、教师对学生的阶段性建议等形式评价学生的情感态度、学习策略和意志品格。对于学生的非智力性因素的评价也可以采用定性的方法纳入量化的范围。总结性评价一般通过期中和期末两次考试进行，主要注意的问题是，考试内容的设计要体现对学生基础知识和综合应用能力的全面考核。

（六）评价手段智能化

即实施计算机辅助评价。计算机辅助评价（CAA）是科学的评价理念与现代教育技术相结合的产物，即利用大学英语网络化教学平台的评价功能模块，设置评价的内容及权重，自动统计每一次评价的结果，自动生成结果，并导出 Excel 表格。智能化评价系统可以大幅度增加形成性评价的可操作性，从而减轻教师的工作量。

（七）评价的可操作性

理论上的论述不等于实际的操作。理论上的论述只是为实际操作提供了若干可能性。理论上看起来再合理的评价模式，离开了人的操作后也只是一纸空文。大学英语网络教学评价体系的建构不在于表面看起来形式多么花哨和新颖，而在于它的实际功效。在实际教学中，到底采用什么样的教学评价模式归根结底要依据本校的实际情况，要本着促进英语教学质量的提高和符合教师的接受能力的原则而定。

三、基于信息技术的英语教学评价体系的改进机制

信息技术（Information Technology，简称 IT）是主要运用于管理和处理信息所采用的各种技术的总称。目前，基于互联网和校园网的大学英语教学网站建设基本包括三大部分，即课程学习系统（如教学 PPT 课件、教师电子教案、教学大纲等）、课程拓展系统（如与课程相关的音频、视频、图片、网站等资料库）和教学交互系统（如课程论坛、在线测试等）。三大系统各个模块之间可独立运行，但又相互支撑。其中，课程学习系统和课程拓展系统的应用，弥补了以黑板和教科书为主要介质的传统英语课堂的不足，在传授语言知识的同时，能更好地创造语言情景，进行多任务教学，从而加强学生语言技能的培养，即实践能力。从某种程度上说，信息技术在英语课堂教学上的优势和所取得的教学效果是传统课堂难以实现的。相比之下，在教学交互系统的设计与建设上，信息技术的优势并不明显，与前两大系统（课程学习系统和课程拓展系统）的交叉较少，较难达到传统课堂上师生及生生之间实时的、有针对性的交互效果。具体而言，基于信息技术的大学英语评价体系的构建应包括如下方面。

（一）搭建基于课堂活动的师生交流平台

按照人本主义教育家的理论，在教学中，师生关系应该是主体与主体的关系，而不是主体与客体的关系；是平等的、朋友式的，而不是隶属的、领导式的。这一点在教学评价体系中尤为重要。教师应充分信任学生能够认识自己的潜能及不足，尊重学生的个人评价以及学生对教师给定评价的反馈信息。

在信息技术的支持下，通过数据库的建设，学习网站可以记录学生每一次的学习情况，开展师生间关于学习情况的交流，即评价—反馈—再评价—再反馈，按照需要反复进行。通过交互性的评价与反馈，教师可以了解学生的内心及教学需求。

基于课堂活动的师生交流平台除具有交互的特点以外，同时具有即时性，并贯穿于每一个网络教学环节，即交互系统延伸至学习系统和拓展系统的每一个模块，使三大系统有机融合。例如，在课程教学演示中，每一页幻灯片除了知识点的介绍、讲解外，同时包含师生即时交流平台的链接。在即时交流窗口下，学生可以就学习主题向教师提问，可以以截图的方式提交学习进展情况，可以接收教师的评价，可以对教师的评价做出反馈；教师通过远程监控，可以了解学生在线登录后学习的实时情况，对学生进行指导、评价，接收学生对评价的反馈信息。再如，在线测试模块中，除了提供习题、参考答案、答案讲解、答疑留言板外，还可包含即时在线答疑链接。在即时交流窗口下，学生可以和教师进行探讨，也可发起和在线学习的学生之间的讨论；针对可能出现的普遍性或共性的问题，系统可提前设定相同的自动即时回复。

（二）建立学习活动的动态监控评价系统

学习是一个动态过程，本书提出的学习动态监控评价系统是基于档案袋评价理论进行构建的。档案袋评价是指在某个过程中，为达到某个目的所收集的相关资料的有组织地呈现。电子学习档案袋可对学生在线自主学习过程进行记录，其包括如下内容：教师和学生一起设计的总体和阶段目标、即时交流窗口的评价及答疑聊天记录、自测成绩记录、上传的书面作业、上传的非网络环境学习行为及获奖情况等。

电子学习档案的建立由教师与学生共同完成，每个电子档案只能为教师及该生本人进行管理。电子学习档案袋展示了学生在学习过程中所取得的进步和成绩。通过这一过程，学生可增强对自己的自豪感和自信心，也可帮助教师观察其他学生所采用的学习策略。例如，教师可以根据大学英语课程的性质，设计网络学习活动记录的电子清单，要求学生注册学习账号，登录账号后，电脑根据后台所设定的评价标准自动记录学生在学习过程中电子清单上的所列项目，将成长值的变化即时提供给指定人群。电子清单以登录学生的姓名和登录时间命名，在退出登录时，可自动保存进电子学习档案袋。教师需要根据设计电子清单的考查项目(如学习态度、交流活跃程度、提问活跃程度、进步程度、综合表现等)及考核等级,并且综合学生的情况,设定后台评价标准。

(三)根据实际情况设定不同的评价标准

不同的评价标准主要是指来自不同的评价者的评价。基于互联网和校园网的在线自主学习,为学生提供了大量的语言实践机会,同时也拓宽了评价者的范围。学生可通过浏览网页,搜索课程相关问题,选择涉及语言各个方面的实践练习。例如,鼓励学生在网络环境下利用所学知识和英语能力,在线回答别人提出的关于词汇、句子或语篇的英汉、汉英翻译问题。关于翻译文本的质量,提问者会给出评价,学生也可参考其他人的相关回答进行自我评价。同时,学生也可将答题的网页提供给自己的教师进行评价,教师根据实际情况,确定各种评价所占的比例。

信息技术的实施赋予了大学英语教学评价活动新的特色,使评价活动可以更及时、更客观、更有效地促进教学活动的开展。但同时也要注意,网络交流不能取代当面指导,特别是师生间眼神和肢体语言的交流。网络环境下,教学评价体系中的情感因素缺失问题,是人们今后应该关注的研究方向之一。

四、网络环境下多元评价体系的具体内容

教学评价对于教学的促进作用是毋庸置疑的。基于多元智能理论,可以建立网络环境下的大学英语多元评价体系,以进一步全面有效地衡量教学效果。这一评价体系主要包括:对学生的学习过程进行形成性评价,根据学生的智能水平进行分层次评价,对学生的语言进步程度进行发展性评价。

(一)形成性评价

在评价内容上,教师首先通过调查问卷等多种途径鉴别学生的智能优势,并根据学生现有的英语水平,在教学中将人际交往、自我认知、视觉空间等智能融入英语课堂教学环节中;设计出涉及不同智能的教学体验任务后,根据学生对于各种任务的完成情况对学生的学习过程进行全面评价,将学生的课前预习情况、课堂参与情况、课后任务完成情况、网上自学记录以及在各种教学活动中的表现纳入评价范围,对其学习过程进行记录并及时反馈。同时,在教学中教师应对学生的优势给予及时关注并进行适当鼓励,帮助学生树立自主学习的自信心,从而产生语言学习的动力。在评价主体上,该评价方式将改变教师作为评价者的主体地位,评价的权力会适当转移到学生手中,以充分发挥学生的主体作用,减少学生在教学评价环节上的压力,使学生成为评价的参与者和反思者。在评价方式上,

将实施学生自评、互评与教师评价相结合的方法,以增强学生的评价积极性,从而以评促学。

(二)分层次评价

教师根据学生的实际英语水平对其进行分组,在课堂教学中进行分层教学,在网上对不同层次的学生布置不同的任务和作业。教师应充分考虑学生语言智能实际水平的高低,因材施教。对于不同水平的学生给予不同难度的体验式教学任务,并且在教学后根据各组学生的智能水平设计相应难度的评价试卷。

(三)发展性评价

教师应将学生在每学期英语学习过程中取得的过程性测试结果进行整理,同时参考其每学期期末的终结性成绩及其在大学英语四级、六级考试中的成绩,对在不同学习阶段语言学习的进步程度进行评价。

五、网络环境下构建多元评价体系的意义

(一)利用多元评价体系的激励机制,充分调动学生的积极性

加德纳认为,每个人身上都存在多种智能,学生之间不存在智力高低的差别,只存在智力类型的差别。每一个学生都有自己的发展潜力,教师应根据学生不同强项和弱项智能地制订多元化的评价标准。这种评价应使所有学生都能体验到成功的快乐,从而树立自信心。同时,根据评价的激励机制,教师应以一种可接受的、非防御性的语气,通过积极反馈,用表扬、鼓励等方式来增强学生信心;通过给出建议,使学生意识到自己需要改进的方向,从而达到理想的评价效果。

(二)教学评价内容更加充实,极大地发展了学生的个性

多元智能理论表明,每种智能在人们的日常生活和工作中都发挥着独特的作用。教师应重视多元智能的影响,并把它纳入对学生的评价体系之中。这样的评价方式对以往传统的评价体系是个很好的补充,可以使对学生的评价更加全面。对学生的评价只是基于他们对基本概念、基础知识的理解和应用是不全面的,更应关注他们在交往、竞争与合作意识等方面所表现出来的能力、态度、情感、价值感等。

(三)重视自评、互评的作用,构成多元评价主体

多元智能理论强调以人为本,强调评价的实效,强调促进发展。以多元智能理论为指导,师生能够相互理解和信任。在此基础上,可以形成以教师和学生为主体的多元评价体系。同时,将学生自评与小组内部成员互评方式结合起来,可使各类评价主体之间增强互动,使评价信息来源更丰富、评价结果更真实,也更有利于促进学生合作能力的发展。

评价体系是大学英语教学中一个不可或缺的环节。网络环境下的多元评价体系作为崭新的评价模式,显现出越来越多的优势和吸引力。但构建完善的大学英语课程评价体系不是一朝一夕的事情,它会随着英语教学的发展和教师理念的更新而不断完善,将在未来真正做到"以评促教,以评促学"。

第八章 信息化背景下大学英语教学的策略探究

随着信息化时代的到来,教育工作展开中所引入的技术更新速度不断加快。且网络技术在教学中的应用范围与应用深入不断扩大,借助互联网技术的引入,在教学中为学生学习活动的实施创造了更大的优势。因此,在开展大学英语教学工作的过程中,应该与时代要求相结合,不断改变自身的教育理念,对信息化背景下大学英语应该如何实现更好的教学进行相关研究,提出优化的实施策略,促进教学质量的更好提升。本章分为大学英语听力教学的策略、大学英语口语教学的策略、大学英语阅读教学的策略以及大学英语写作教学的策略和大学英语翻译教学的策略五部分。主要内容包括针对语言因素所采取的对策、针对非语言因素所采取的对策、提高高校英语口语教学质量的策略等方面。

第一节 大学英语听力教学的策略

一、针对语言因素所采取的对策

(一)语音训练

由于听力的基础是语音,所以错误的语音会传递错误的信息,导致学生无法对信息有一个准确的理解。要想促进听力能力的提高,首先必须要通过语音这一关,不仅要熟悉各种语音语调,而且还要全面掌握语音知识。由于受到听音时间和次数的限制,无法进行反复推敲,并且学生的思考时间有限,必须能够迅速对其所听的句子做出反应,这就使得对学生进行强化语音训练显得尤为必要。尤其要训练学生的辨音能力,要求学生多做听力练习、辨别语音语调,使学生的语音障碍得到有效消除,从而能够更好地清除听力学习的"拦路虎"。在专家们看来,应该循序渐进地进行语音教学,从语音的最小单位到它们的结合，再到单词，最后到词的连接，而且强调它们的重音、节奏和音调，然后再训练听力速度。这是英语学习者首先要走的路，否则势必会影响听力水平，这就是大学生总是认为很难提高自己的听力能力的原因所在。网络条件下，英语语音的训练可以跳出传统课堂的束缚，学生们可以充分利用网络资源和自主学习平台，利用大量的手机 App 和在线网页及设备进行英语语音专项练习。

(二)词汇训练

听力理解的基础在于掌握一些短语、句型以及英语中包含的大量词汇和无数固定搭配与短语。学生必须要能够掌握教学大纲词汇表中的单词和短语。

大学英语中的词汇不仅含义丰富，而且用法还很灵活，和平时英语中常见的含义差别很大。在听力过程中，学生应该学会按照上下文的语境来猜测和判断单词和短语的不同含义。一般来讲，可以将一门语言所掌握的词汇分为视觉型词汇或阅读词汇以及听觉型词汇或听力词汇两种。很多学生在已经掌握了大量词汇之后，仍不能理解那些简单的听力材料，因为他们掌握的大多是视觉型词汇。由于中学英语在语法、词汇、阅读方面投入了足够的重视，导致学生的听说能力薄弱，所以进入大学后，教师的任务便是帮助学生熟悉那些已掌握的单词、句子的语音和语调。所谓英语听力训练，即使学生在大脑中建立对特定词汇的听觉信号，并熟悉这些信号，使其在听到语速正常的讲话时便可以实现迅速检索，以便实现解码的准确性。

除此之外，教师还应尽可能多地讲解词汇中的那些吞音、弱读、同音等现象。词汇的构词法讲解也是十分必要的，如派生法、合成法、转化法等。网络条件下的听力词汇训练能把词汇的发音、词源、构词法和视觉图像及实际应用结合起来，既能提高学生的识记效率，又能有效地在强调词汇的视觉性的同时强化它的听觉性，直接使学生建立起"听力信号""一步走"过程，而不用进行二次转化，从而减少了母语对英语负迁移的现象。

(三)语法训练

在语法知识的帮助下，学生可以理解句子的含义和说话的语气等。在上大学之前，学生们就已经很好地掌握了语法知识，由于中学时期大多采用的还是传统的语法教学，因此，在听力练习中，教师只需要复习会影响听力效果的语法点即可。其中，在听力理解测试中最常见的便是虚拟语气、情态动词的用法，尤其要提高理解关系从句等复杂句的能力。语法训练(如大学生英语自主学习平台的运用)能针对学生的语法漏洞，并结合识记的遗忘规律，有针对性地对学生进行个性化的语法引导和强化练习，很好地克服传统课堂无法兼顾每一位学生的弊端。

(四)语篇训练

语篇能力是大学英语听力教学中的重难点所在,因此要突破这一难点,必须把重点放在语篇听力上,采用精听和泛听的方法。由于语篇具有不同的内容和不同的难度,所以,我们必须在听力教学中针对不同的听力内容采用不同的听力方式。选择难度不一的语篇听力材料,将少量难度较大的材料作为学生的欣赏性材料,通过泛听的方式对学生的迅速理解能力进行培养;选择中等难度的听力材料,通过精心培养学生的听力细节和运用听力技巧的能力,并对学生的听力基本功进行训练,听熟基本词汇和一部分常用词词组以及句型结构。

所以,教师在授课过程中应该对录音进行反复放听,精讲听力材料,直到所有学生都理解为止。学生只有在经过大量精细化、综合性的听力训练之后,才能逐渐适应英语语速的变化,才能习得语言,才能获取规范的英语表达方式,从而更好地形成习得性条件反射。只有这样,学生才能在听力训练的过程中直接通过英语思维进行理解,才能极大地提高学生的听力理解水平。互联网能使学生很轻松地找到与教材同步的某一主题的各种听力材料,然后根据自己的听力水平进行有选择地精听和泛听,这样他们才能把课堂上教师传授的听力技巧和方法在课下反复运用直至熟练掌握。

二、针对非语言因素所采取的对策

(一)改革传统的英语教学法

1. 情境化的语言空间

一般来讲,英语学习是在具体的语言情境中进行的。教学应重视营造语言环境,应面对不同语言情境的交流和理解的需求,为学生学习、运用和自由表达语言创设问题和机会。

2. 互动性的教学过程

英语学习过程是学习者与语言环境积极互动的过程。教学必须以英语学习活动为中心,使师生能够以学习活动为中心形成一个学习共同体,使学生成为这个学习活动的主体,并为学生表达和运用语言提供心理优势和环境条件。

3. 多元化的教学策略

英语的学习和教学有着多元化的方法,英语教学必须遵循科学的认知规律,从而能够在方法上支持学生的个性化学习。

4. 个性化的学习方案

学生独特的知识背景和智力特点在很大程度上决定了学生英语学习的方式和方法，英语教学应该将重点放在培养学生个性化的学习方案上。

（二）充分发挥教师的主导作用

在大学英语听力课上，教师始终扮演着非常重要的角色。在课堂上，教师应该充分激发学生"听"的兴趣，使学生增强对英语听力的自信心。在教学活动中，教师若循规蹈矩，则无法充分调动学生的兴趣。教师应尽可能地设计丰富多彩的教学内容，并运用现代化教学手段以获得丰富、有趣的课堂教学。除了完成规定的教学任务，还要妥善组织学生对网络资源进行充分利用，以使他们的知识面不断扩大，从多个角度出发培养和提高学生的听力理解水平。

教师在听力教学中还应注意对学生的不同回答予以不同的反馈。肯定的反馈不仅可以增强学生的自信心，而且还可以提高学生的学习兴趣；反之，则会使学生感到羞愧，并严重影响他们的听课情绪，导致学生不敢回答问题，也会不利于调动其他学生的积极性，从而会影响整个课堂的教学活动。所以，教师应该表扬那些回答正确的学生，即便学生回答得没有那么准确，教师也要对学生进行鼓励性的评价。这样就不会导致学生对教师的提问产生恐惧，甚至对听力课失去兴趣。所以，听力课要想上好，就必须要充分发挥教师的主导作用。

（三）听力教材内容与手段多样化

为了让学生更好地理解英语中的各种自然表达，教师不能在听力课上只采用一种教材，而应以教材为主，以其他材料为辅。因为不同地区的人们的发音习惯会有一定的变化，所以也应设计丰富多彩的听力内容，要使学生习惯各种各样的发音。换言之，就是要让学生全方位地接触各种各样的生活材料。

除此之外，在听力材料中还要相应地增加各种背景声音，增强学生在复杂背景中准确分辨语言信息的能力。尽管我们在英语课堂上听到的语言大多都很纯正、清晰，但往往在实际生活中会有很多因素干扰着语言对信息的传递。所以，在听力课上应对那些网络资源进行充分利用，并安排学生聆听那些有杂音的材料。

网络条件下，教师还可以开辟第二课堂，为学生提供良好的语言环境，使他们有足够的练习听力的时间。随着科学技术的迅猛发展，教学手段开始变得越来越高科技，学校里已设有多媒体教室、多功能视听室和有线广播电台，教师可以对这些手段进行充分利用，使学生能够在课余时间收听英语教学节目、原文电影等。有了这些现代媒体，教师便可以为学生提供标准的自然语言，可以更好地保证教学的语言质量。

(四)做好对学生的指导工作

1. 培养学生良好的心理素质

在学习英语的过程中，学生难免会遇到各种各样的困难，在学生的情绪发生波动时，要注意加以认识和调控，努力使学生的消极情绪转化为积极情绪。提高听力的关键不仅在于心理素质要良好，而且还要具有较强的自信心。另外，根据产生心理障碍的原因来看，学生应养成多听、多练的好习惯，明确听音的目的，注重听音的效果。从长远来看，可以培养学生较强的心理素质。

2. 培养学生的模仿能力

教师可以按照听力教材的难易程度灵活添加听力材料。倘若教师的语速适中，学生便可以进行大声地朗读和模仿。研究表明，与通过视觉储存到大脑中的信息相比，通过发声器官的运动储存在大脑中的信息更加牢固。学生如果只听不说，那么也就不能理解不同音素之间的不同之处，也就无法体会语音的变化和不同语调的含义。学生通过模仿能够掌握正确的语音、语调，这使他们不仅能够在轻松、愉快的氛围中学习知识，而且又促进了自身英语应用能力的提高，从而达到正确使用英语的目的。

第二节 大学英语口语教学的策略

一、提升高校英语口语教学质量的策略

(一)课堂教学准备策略

课堂教学准备策略主要是指教师在课堂教学之前所做的有关各项准备工作的策略。教师需要从目标、教材、学生等方面做准备。

1. 明确教学目标

教学目标是指通过某一具体的教学活动所要达到的某一具体、可见的行为结果。换句

话说,教学目标即规定或设想教学活动必须要达到的标准和要求,是对学生要掌握的知识、技能以及能力的要求,是设计具体教学任务的依据。每一堂口语课的教学目标都很明确。一般来讲,可以将口语课的教学目标分为语言目标和交际目标两种。所谓语言目标,即学生在交际中需要掌握的词汇、短语、句型等;所谓交际目标,即学生运用已掌握的功能意念进行口头交际所应达到的能力要求。

在设计教学目标时,尤其要注意在设计目标时不能过于宽泛。因此,在确定教学目标后,要按照学习者目前的能力和水平,把目标细分为一个个小目标,并将其对应具体的口语练习活动。这样,口语教学中的活动便都会向有意义的方向集中,不仅能够有效避免教学活动的盲目性,而且还能促进教学活动效率的提高。与此同时,在向学生描述教学目标时,学生会明确本堂课所要学习的内容和应该达到的交际水平,便于学生评价自己的口语能力,找出与教学目标的差距,从而使学生产生强烈的责任感,强化提高口语交际能力的动机。

2. 灵活运用教材

由于现今大学英语口语教材的质量良莠不齐,教师在具体的口语教学中不能盲目地依据教材,而应根据学生的具体情况对教材进行合理的取舍。对教材的使用一般需要进行筛选,然后运用删减、增添、改编和替换的方式。删减,指对于教材中明显过时、拼凑、不符合实际语言交际规则的材料要大胆删去,对于一些次重要的语言操作练习可留作课下作业,不必课上处理。增添,是指教师应按照口语教学的具体要求对部分材料进行准备。在编写口语教材的过程中,必须要考虑师生使用教材的实际情况。改编,表示对于教材可用的材料进行适当处理,如根据学生的语言表达习惯、认知能力或课堂情境设计的需要调整材料的顺序等,使其能够为本堂口语教学提供更好的服务。替换,指教材中的一些材料是非常必要的,但对具体的课堂操作又不是很适合,教师在这种情况下可以根据自己对教学活动或教学情境设计的需要,从教材以外选择一些比较适当的类似材料进行替换。总之,教师应根据自己教学的实际需要灵活运用教材。

3. 了解教学对象的认知风格

学生是学习的主体,只有学生积极参与才能有效开展口语教学。为了充分调动学生的参与积极性,就必须按照学生的认知风格对课堂进行设计,包括学生的认知水平、年龄特点、学习风格等。只有明确了解这些内容,才能使大学英语口语教学真真正正地实现"因材施教"。

由于认知能力的差异,学生所习惯和喜欢的学习方式也就不同。基于大学阶段学生的认知水平,学生在口语课堂中还是比较喜欢在接近现实生活的情境中通过互动参与的方式学习。

不同年龄段的学生的喜恶也不同。大学生虽已成年，但其性格尚未十分成熟，有时也会比较敏感，虽然他们具备一定的自控力，但也很容易受到外部环境的干扰。这个阶段的年轻人不但重视教师的评价，而且同样重视同伴的认可。尽管他们能够集中较长时间的注意力，但他们往往更倾向于教学中能有更多的活动。所以，教师在大学英语口语教学中应该注意自己的课堂用语、纠错技巧。

(二)课堂教学导入策略

1. 课程导入的基本准则

首先，导课的设计必须符合本节口语课的教学目标。导课的内容必须要能够与教学内容相联系，不能脱离教学内容。由此可见，教师必须要准确把握教学内容，确保教学内容的科学性，不然导课只能是一种形式，无法起到真正的作用。

其次，导课必须立足于授课对象的年龄特点、心理特点、知识能力基础等实际情况。

再次，导课要运用"先行组织者策略"。先行组织者策略最早是由美国著名的教育家奥苏伯尔提出的。它是教师利用自己的背景知识帮助学生学习信息的一种方式，指在学习者已经知道的断裂处建立沟通的桥梁。

最后，导课必须简洁。简洁要求教师用简短的话语和最短的时间，使师生之间的距离得到迅速而巧妙的缩短，使学生能够在课堂上集中注意力。一般来讲，导课不能过长，过长会影响整个教学过程。相关实践表明，导课一般以2~3分钟更为合适。

2. 课程导入的基本方法

一般来讲，口语教学中主要有以下几种导课方式。

(1)图片导入

当今的口语教材大多配有插图，而且几乎每一单元都配有与教学内容相关的插图。教师可以在导入时充分利用教材中的插图。例如，可以先不让学生看教材，先让他们根据图片猜测今天要涉及的主题，或者请两位学生运用简单的语言来描述图片，以激活学生的认知图式，从而使学生开口说英语的动机得到激发。

(2)话题导入

教师可以按照课堂教学内容，提出一个话题让学生先讨论，然后由学生发言。学生在发言过程中，往往会遇到很多与表达主题相关的生词、短语等，学生在这个时候便会迫切想要掌握这些阻碍其表达的功能意念。借此机会，教师便可以将教学引入语言教学阶段，从而为活动交际阶段打下坚实的基础。

(3) 设疑导入

教师在开始上课之前，可以有意识地设置一些启发性问题，但不能直接告知学生答案，目的在于引起学生的思考，设置悬念，从而能够在一定程度上提高学生的学习兴趣。设置悬念通常是由一定的情节引起的，而不是由一个简单的问题引起的，这样不仅可以激发学生的好奇心，而且还可以激发学生的求知欲，从而使学生获得强烈的学习动力。

(4) 媒体导入

随着多媒体技术的迅猛发展，各大高校都开始采用计算机辅助英语教学模式。在口语教学中，教师可以以各种各样的音频或视频材料为导课内容，这样不仅能够极大地提高英语口语的教学效率，而且还由于多媒体具有较强的可视性、较高的信息密集度，可以使学生的好奇心得到激发，从而进一步调动学生的学习兴趣。

(5) 创境导入

教师可以通过语言和电化教具等手段，营造生动的教学情境，模拟真实的交际环境，触动学生的情感，使他们产生共鸣，从而能够激励他们尽快融入新的教学情境。

导入的形式可以多种多样，其目的只有一个：激发学生的学习兴趣，启迪他们的心智，使他们减少焦虑，开口说话。由此可见，导课也是一种创造，集中体现了教师的智慧，为一堂课的成功奠定了基础，为教师顺利授课提供了良好的条件。

(三) 实施课堂互动的有效策略

著名语言学家朗(long)在"输入假设"理论的基础上进一步研究发现，交际双方为了使交际能够顺利进行，必须进行"意义协商"，产生"交互修正"，从而提出了"交互假设"理论。在朗看来，与单向交际相比，双向交际对语言的习得更为有利。这是由于在双向交际中，当一方不能理解另一方时，就会有告知对方的机会。这将促使双方进行意义的协商和交互调整，以更好地促进语言输入的可理解性的提高。当交互主体间的意义协商被启动调整与修正，学生主体的语言输入、选择性注意与语言输出也就被有效地联系起来。通过意义协商，学习者的注意力转向他所知道与不知道之间的差距，以及第二语言中他了解不多或不了解的领域。

在口语课堂教学中存在诸如教师、学生、教材、环境等多种因素，因为它们之间可以产生交互作用，所以课堂教学的潜在活力才可以被挖掘。当学生主体与教师主体，以及学生主体之间产生信息差时，便会促使交际主体间进行交流与互动，以填补信息差。在这过程中会促使学生向未知的领域主动探索，完成由学得向习得的转变。在口语教学中，只要教学诸因素的互动被激活，口语课堂便会生机勃勃、妙趣横生。实施课堂互动并不是单纯在教学方法上减少教师讲解与提倡师生英语对答，我们所提倡的互动更重要的是使教师的创造性和学生的主动性充分发挥出来，特别是学生间的交互作用，毕竟学生才是课堂教学的主体。

1. 互动教学的内涵

一般来讲，口语教学中的互动包括以下两种模式，即师生互动和生生互动。所谓师生互动，即师生为了促进既定教学目标的实现而在共同构建知识与发展能力的过程中所进行的双向交流活动。很多教师认为，只要学生在教师提出问题后做出反馈就实现了互动。事实上，学生只是对教师的话语进行简单的重复，没有与教师进行有意义的交流，这不是真正意义上的互动。只有当教师对学生的反应再做出应答，继而学生还会再继续做出反应，师生之间如此不断交流时才能说产生了真正的师生互动。

正如并非所有的师生活动都是"师生互动"一样，并不是所有学生间的交往都可以称为"生生互动"。首先，它必须是基于教师的指导所进行的与教学密切相关的学生活动，学生的任何与教学不相关的自发行为都不属于生生互动。然而，基于教师指导的学生活动并不都属于生生互动。其次，生生互动必须针对每堂课的教学目标，与教学目标相脱离的学生活动都不能称为生生互动。

2. 互动教学的任务设计

首先，在任务的设计上要具有真实性和功能性。语言学家朗对任务下的定义主要是指社会生活中的任务，包括刷墙、填表、给小孩穿衣服、买鞋、订票、借书、考驾照、打印、订房间等日常生活中的各种活动，而不是孤立的或可以任意组合的课内或课外教学活动，即"真实世界的任务"。任务的选择只有贴近生活才能引起学生的共鸣，从而产生学习的动机和兴趣。与此同时，一个成功的互动任务设计还应使学生学会用所学的语言进行交流，使学生通过完成一个任务或一系列任务来运用具体的语言知识。有时教师设计的任务过分强调趣味、表演性，学生在完成一个任务时没有多少机会涉及语言知识的运用，这个任务就是失败的。成功的任务设计应具有一定功能性，即应能使学生在课堂上演练在真实生活交际中需要的功能性语言，如怎样询问、解释、说服别人和陈述观点等。

其次，任务的设计应由易到难。由于语言方面的障碍，学生对于各种任务指令最初一定较为排斥，因为从小学到中学再到高中，学生早已习惯了以教师为中心的传统教学模式。因此，突然缺少了教师这个拐杖，学生在心理上一定会觉得非常无助。这时如果马上让学生完成一项对语言能力要求很高的任务，一定会增加学生的焦虑感，很容易使他们丧失信心甚至产生抵触心理，无益于教学的进一步开展。因此，教师的任务设计应充分考虑学生的兴趣和能力。可针对不同层次、不同能力的学生对不同的任务进行设计。学生还可以自由选择如何完成一个任务的方式及完成的顺序。当学生的主体意识被充分调动，情感方面的积极因素才能发挥作用，达到师生互动的最佳效果。

3. 互动小组划分

朗在"交互假设"理论中指出，使输入变得可理解的最终途径就是在会话交互过程中不断地相互协商，对可能出现的理解问题进行调整和修正。因此，在口语教学中，要想真正实现对学生的可理解性输入，教师首先要做的一项工作就是将班级成员进行科学分组，为学生创造能够相互协商的环境。口语教学中每个小组最理想的人数为4人或者6人。据研究表明，4人小组和6人小组是最灵活高效的两种组合方式，因为它们足够小，小到所有的小组成员都能够参与到互动活动中来；它们还足够大，大到对于教师提出的问题能够集思广益、找到答案，可以分工合作、按时完成教师布置的互动任务。因为4和6都是偶数，所以不管教师布置的任务是二人对话还是戏剧表演，最稳定的都是4人组和6人组，不需要再进行重新分组。

此外，一定要按照学生的能力合理划分小组成员。许多教师喜欢让学生自己选择小组成员，学生自然就会选择那些自己比较熟悉的，来自同一专业或与自己英语水平不相上下的学生。这不仅不利于实现学生间知识结构与信息资源的互补，而且还容易导致能力的两极分化，主角永远比较能说，观众永远比较不能说，这是很难实现互动目的的。教师首先要能够从大体上了解班级学生的整体水平，在分组时要按照每个小组成员的英语水平进行均衡分配，其中不仅有学习成绩优异的学生，而且也有学习成绩一般和较差的学生，还要尽可能地保持每组男女比例、文理科的分配平衡。

每个小组要任命一个既负责任、又具有组织能力的学生为小组的"指挥官"。他们不仅能够组织小组成员完成各种各样的活动和任务，实现生生互动，而且还要协助教师为那些水平较低的学生提供帮助，以便更好地促进学生口语交际能力的提高。这样不仅能够减轻教师的负担，而且还能极大地提高教学效率。当然，小组的划分还会发生变化，并不具有永久性。一旦小组成员间出现无法调和的分歧，那么教师必须立即做出重新分组的决定。

4. 互动评价反馈

在一些教师看来，花费时间在口语课的点评上是对时间的浪费，甚至很多教师都省掉了这一过程。事实上，学生经过思考、讨论、组织语言再到思想的表达，整个从语言输入、构建再到输出的过程是付出了极大努力的。对于自身的付出，学生从内心深处是非常想得到来自教师和同龄人的认可的。如果此时教师对于学生的表现不做任何评价，或只是敷衍了事说些不痛不痒的、毫无针对性的评价，那么学生一定会感到非常丧气，久而久之便会失去参与活动的兴趣和动力。

教师可以通过不同的方式向学生提供反馈，但前提是它必须符合学生的水平，并能够与学习内容密切联系，特别应该重视纠正性反馈的作用。纠正性反馈的形式有很多种，如要求确认、纠正错误等。教师在评价反馈中，还应重视自己的用语。现代认知建构主义强调以"学"为中心,在他们看来,学习英语不仅需要形成语言习惯,而且还需要对语言进行创造性地运用。在课堂上,教师使用英语的原因不仅是为学习者提供模仿范例和增加语言输入,而且还可以通过自己的语言,实现师生、生生之间的交互活动。因此,教师反馈必须是清晰的、明确的、有选择的、系统的,还要能够提供大量新信息,即包含改正学习者语言错误的具体信息或指出其产生错误的原因,但言语应委婉不应尖刻,以免损伤学生自尊心。

5. 推进互动的方式

(1) 思考—结对—分享练习

在口语教学中教师经常发现,当教师提问后如果马上让学生发言,其表现一般并不理想。语言从输入到输出是一个知识建构的过程,学生完成这一过程需要以下四个步骤。一是在教师提问之后,应将足够的独立思考的时间留给学生;二是当学生有了想法之后,会立刻与同学进行想法的讨论和交换;三是达成共识后,与小组成员分享自己的想法;四是整个小组综合各方的观点,派代表在全班进行发言。这与小组内的头脑风暴比较相似。

(2) 课堂辩论

辩论在大学英语口语教学中是一个非常有效的互动教学方式,也是培养学生口语交际能力的一个最有效的手段。辩论主要培养学生的语言逻辑组织能力和运用语言表达思想的能力。辩题不仅能够由教师进行选择,而且还能够由学生进行选择。一般来讲,可以提前一两周将辩题布置给学生,以便学生收集资料和进行翻译工作。在进行课堂辩论时,可以将班级分为正方、反方和裁判三大组。在规定时间内正反双方进行自由辩论,一些学生在这期间可能会出现用英语表达自己的现象,因为他们的求胜心切,所以教师必须及时纠正他们的问题。在辩论结束时,裁判团要有针对性地点评正反双方的表现,并对他们的缺点进行补充。最后,由教师评价学生的整体表现,并决定胜负。

(3) 趣味活动

在大学英语教学中,由于大学生拥有活泼、浪漫的天性,如果可以将趣味性活动与口语教学相结合,那么不仅可以有效缓解学生的疲惫神经,而且还可以使师生间的距离大大缩短,使互动教学的趣味性有所增加,一定会非常受大学生的欢迎。比如,教唱英文歌曲、猜谜语、跟读绕口令、讲幽默小故事等。

二、大学英语口语课程教学改革的新思维

(一) 互动教学法

互动教学法的特点十分鲜明,不仅强调学生是英语口语学习的主体,而且还强调教学

组织的多样化，另外，互动教学法还可以充分利用课堂时间，以便更好地向学生传授语言知识。如果在大学英语口语教学中可以适当地运用互动教学法，那么便能够有效激发学生的学习兴趣，避免出现"哑巴英语"现象。这样不仅可以提高学生的口语表达水平，而且还会相应地提高教学的效率。

在大学英语口语课堂教学中，互动教学法的操作一般分为课前、课中和课后三个阶段。

1. 课前

充分而彻底的准备课程方案是教师在大学英语口语教学开始之前的必要任务，尤其是提前收集和准备好与客体有关的口语会话材料的工作显得尤为重要。语言材料对丰富学生的口语表达内容非常有益，它有助于表达素材的积累，能够避免学生处于被动状态。

2. 课中

为了有效引导学生进行独立思考，教师在大学英语口语课堂教学的过程中，可以先对本课的会话情境进行充分介绍，将与这个情境相关联的一些词汇和短语也一同列出，促使学生能够尽快进入到情境之中。然后，通过对英语口语对话情境的解释和扩展，培养学生的英语口语表达能力。

3. 课后

互动教学法不仅仅重视课前和课中的阶段，课后阶段的英语学习同样是这种教学方法的重要组成部分。当课堂教学结束后，教师根据本课的内容安排一些与本课话题相关或者情境相似的内容，让学生在课外时间进行巩固和拓展练习。这样既有助于加深学生对本课内容的理解，也有助于学生用发散性的思维灵活运用课文内容，更可以增加口语练习的时间和机会，使学习者对大学英语口语掌握得更加牢固。

（二）情境教学法

所谓情境教学法，即在教学过程中，教师有意识地引入或创造一个以一定情感色彩和形象为主体的生动场景，使学生获得一定的态度体验，能够准确理解教材内容，使他们的心理机能得到相应的发展。

总之，教师在大学英语口语课堂上应该提供给学生更多的语言情境，并将语言与语境相结合，从而使抽象的语言教学形象化、具体化、情境化。这种教学方法极大地提高了学生学习英语口语的积极主动性以及学生的英语交际能力。

(三)课外教学法

在大学英语口语教学中,课堂占有重要地位,但有限的课堂教学时间并不能使学生的英语口语得到充分的练习,这时课外教学可以成为有效的弥补手段。在课外教学的过程中,教师主要发挥引领和指导作用,帮助学生收集有效资源,促进和监督学生的课外学习进程。课外英语口语教学的形式更加丰富多样,例如,让学生在英语角锻炼口语。尽管大多数英语角活动都是由英语学习者自发参与的,但是教师同样是一名参与者。教师在英语角活动中发挥的作用主要是设立英语角和对英语角的日常管理工作,包括确定某次英语角活动的话题、选择活动的具体形式、准备和维护英语角活动需要的设备等具体管理工作。如果没有教师的组织和管理,英语角单纯靠自发行为是很难顺利进行的。所以,教师的参与也体现了这是运用课外教学法的一种活动形式。除了鼓励学生参加英语角活动,教师还可以鼓励学生去社会上多参加一些有助于英语口语的实践活动。例如,为来中国参观游玩的外国游客当导游,或者与外国留学生结对子,中国学生教外国学生汉语,外国学生教中国学生英语等,都是比较不错的课外教学延伸形式。

第三节 大学英语阅读教学的策略

一、科学合理选择阅读材料

如今,经常会有学生反映英语阅读课的无聊,原因在于他们不喜欢阅读课的教材,这使他们无法更好地理解教学内容。因为阅读是提供词汇、语法、句法等可理解性输入的有效途径,因此,英语阅读课的选材十分重要。教师应该选择那些有趣的阅读材料,使学生可以用很短的时间就能完成,也就容易获得成就感,而这种成就感又能促进读者阅读兴趣的提高,还要确保学生能够进行大量阅读。教师应该准备尽可能多的资料供学生阅读,从而使他们的阅读量得到增加。教师应该选择恰当的课堂训练材料,并指导学生选择恰当的阅读材料,从而使学生的阅读活动能够顺利进行。

二、积极开展课后拓展阅读

在课堂阅读的基础上积极开展课外阅读,并着重强调学生应将阅读与动笔练习相结合。通过长期刻苦的阅读训练,学生的注意力在阅读过程中得到迅速集中。在引导过程中,教师应该尽可能多地利用各种机会激发学生的阅读兴趣。按照教材各单元内容开展主题活动,要求学生按照自己的兴趣爱好广泛搜索和阅读网上的英文资料,并对书面报告进行整理,最后举办演讲比赛。通过这样的活动,学生不仅能够掌握教材各单元的内容,而且还可以锻炼学生的归纳与写作能力。

三、科学评估,分类指导

网络多媒体辅助下的大学英语阅读教学的教学目标和评估标准应该明确。教师要能够设计出一套科学合理的教学评估方法,可通过对阅读素材的生词词汇量、语法难易度、句子长度等指标来衡量学生的阅读理解能力。因为电脑能够计算学生的上网时间,所以教师还能够统计学生的阅读时间和阅读效率。

除此之外,还要对学生的考核情况进行客观的反馈,分析学生掌握的阅读技能的情况。教师还应总结和评估学生的教学任务完成情况。分类指导相关的阅读技巧和阅读难点,并解释某些语法现象和难词生词。通过以上手段,可以充分发挥网络多媒体在大学英语阅读教学中的积极作用,从而能够不断提高大学英语教学的整体水平。

与此同时,在信息化时代网络多媒体的辅助作用下,大学英语教师从教学阅读材料的选择、使用和评估方面尽可能地整合现代信息技术和大学英语阅读教学。这样不仅能够促进阅读教学质量的提高,而且从大学英语阅读教学的实际来看,研究学习者主体还能够使英语教师对学习主体有一个更好地了解,从而能够设计出更多更好的英语教学方法。

(一)培养学生的英语思维定式

通常而言,可以通过以下方式训练学生的英语思维定式。

1. 通过朗读课文的方式

朗读是一种将语言知识转化为语言能力的有效手段,特别是在将阅读知识转化为表达能力时,更能凸显朗读的作用。读者通过朗读课文,可以培养自身的英语句型模式感,可以通过语言的表达方式和句子结构外化句子所表达的意义。

2. 通过句型训练的方式

句型快速反应训练也能够培养英语的思维定式。由于英语的基本句型有限,也必须有规则地扩展基本句型。所以英语学习者要能够尽快熟悉这些句型及其扩展规则,从而能够尽快将已建立好的句型及其规则同化到语言感知的思维定式中。

3. 通过视觉感知训练的方式

通过阅读课文或进行句型训练，可以进行快速的视觉感知训练，以使学生的思维定式的反应速度得到提高。在训练中，不仅可以选择那些学生没有读过的文章，而且也可以选择那些超出学生阅读能力之外的阅读材料，以使他们的阅读语能得到锻炼。

(二)提高学生的英语阅读速度

1. 要讲练、讨论相结合

对于有效的快速阅读理解训练而言，不仅要限制时间，而且还要注重理论与实践相结合，并且要有一定的侧重点。根据这一要求，笔者曾对某大学 2016 级学生进行了英语阅读材料快速阅读理解训练。具体做法是先对学生进行摸底测试，以便了解学生的实际阅读水平。摸底的试题应尽可能与学生的阅读速度和理解水平的要求相符合，也就是与一定的英语水平相符，并告诉学生这是一次包括阅读和理解在内的英语阅读测试，学生必须以最快的速度完成这一测试，并记录自己完成这一测试所花费的时间。在对学生进行摸底之后，按照学生所反馈的信息，即学生现有的英语水平和发展潜力，制定切实可行的教学方案和教学目标，然后定期对学生进行与速读技能技巧、阅读方法等方面相关的训练。结果证明，这项训练既能提高学生对语篇的理解能力，还能培养他们的自主学习能力和批判性思维品质。

2. 让学生学会略读

所谓略读，即一个人用能达到的最快的阅读速度进行阅读，也就是用最快的速度理解作者的主要观点。当读者需要浏览一遍有关经济主题的英语阅读材料或需要获得国际商务方面的信息时，一般会采用这种阅读方式。除此之外，在不需要高度理解时，也可以选择略读的方式。然而，这并不表明略读时学生的理解率就会很低，只是稍微低于精读速度或普通阅读速度的理解程度。

一般来讲，普遍阅读的理解率为 70%~80%，而略读只需达到 50%。所以，略读与普通阅读的不同之处在于，学生在进行普通阅读时，要一字不漏地阅读全部材料，而学生在进行略读时却可以选择不读某一部分材料。

进行略读训练可以在很大程度上促进学生阅读速度的提高。通过大量的略读训练，学生可以更好地适应信息时代的发展。现代社会的书籍资料琳琅满目，令人应接不暇，一个人为了从中获得有用的知识，那么就必须具备这种阅读能力，以便在相同的时间里可以比别人获取到更多的东西。当然，并不是任何时候都可以运用略读这一技巧的，略读也无法完全取代普通阅读或精读。读者的需要在很大程度上决定着何时该进行略读、何时该进行精读。总而言之，学会略读不仅有助于学生在丰富多样的资料中找到对自己有用的知识，从而能够获取相关领域的最新信息，而且也能够更好地提高学生的阅读速度和理解能力。

3. 注意培养学生良好的阅读习惯

如今，学生的阅读速度和理解水平普遍较低，这主要是由于错误的阅读习惯和方法导致的。学生在阅读时过多地依赖辞典，逐字逐句地分析，结果只读懂了只言片语，却不理解全文，所以在很大程度上限制了学生的阅读速度和理解水平。

不良的阅读习惯也会在一定程度上影响学生的阅读速度和理解水平。对于那些阅读能力差的学生而言，他们身上通常也有很多不良的阅读习惯。例如，为了能够在阅读时集中注意力，一些学生通常习惯用手指、钢笔等指着一个字一个字地读，或头跟着摆动，让他们的眼睛集中在他们读的每一个字上。复视也是阅读中比较常见的一个问题。这意味着学生在读一个词或一个短语，而不是在对全句进行理解。特别是习惯性复视，更不利于提高学生的阅读速度。为了克服这些问题，以更好地实现快速阅读，有必要培养学生良好的阅读习惯。

四、注重文化知识的导入和现象分析

语言不仅是文化的载体，而且也是文化的表现形式，本民族文化在一定程度上制约并影响着语言的产生、发展和变化过程。所以，任何语言包含的人文属性都很深刻，并且都带有所属文化系统的特征，充分体现了其民族的世界观和价值观。第二语言习得研究发现，一种语言的习得和使用，不仅是学习和使用语言结构的本身，而且更必须了解这门语言所表现的文化内涵，了解形成和使用这门语言的文化背景和底蕴。

由此可见，学生对文章所涉及的文化背景知识的掌握程度决定了学生对阅读理解的深入程度。在教授大学英语阅读课程的过程中，不仅要适当地介绍文化背景知识，而且还要对比分析和讲解文化差异现象，这有助于学生对阅读材料有一个更好的理解，从而更好地激发学生的阅读兴趣。大学英语阅读材料涵盖的内容十分广泛，包括政治、历史、人文等方面的知识。在教授英语阅读课的过程中，教师通过介绍阅读材料的相关背景知识，不仅能够激发学生的阅读兴趣，而且也对学生正确把握和理解阅读材料起到了一定的帮助作用，从而能够更好地提高英语阅读课堂的教学效率。除此之外，通过视频播放的形式向学生介绍英美等国家的背景知识，这样不仅能够丰富学生的知识，提高学生的能力，而且还能拓展学生的阅读知识视野。

总而言之，在大学英语教学中，阅读起着至关重要的作用。大学英语阅读教学应尤其注重培养学生的阅读兴趣，将培养学生的阅读能力作为第一层次的教学目标，促使学生形

第八章 信息化背景下大学英语教学的策略探究

成良好的阅读习惯,加强训练学生的阅读技能,使学生可以实现轻松阅读,从而能够更好地促进学生自主阅读能力的提高。

第四节 大学英语写作教学的策略

一、提高高校英语写作有效性的实践措施

(一)把握英语学习的特点

大学英语教学中的写作学习,也是大学生英语学习中的一个重要组成部分。要提高大学生的写作水平和写作效果,提高大学生英语写作的有效性,就要充分了解英语学习的特点。英语和汉语在表达形式、逻辑结构等特征方面有很大的不同,是完全不同的两种语言风格。

(1)逻辑结构。英语讲究形式方面的逻辑;而汉语讲究的是内在逻辑。

(2)表达形式。英语表达突出重点,平衡形式逻辑结构;汉语的表达往往表面结构看着复杂,语句中包含中心思想。

(3)表达顺序。英语句子的表达是先果后因,先说结果后解释原因,重要的观点放在语句的前面;汉语的表达则是先说明原因后说明结果,是先因后果,重要的观点一般在句子的最后才会指出。

因此,在大学英语写作教学实践中,要让学生充分认识到中西方两种语言的不同特征,英语的写作和汉语写作要采取不同的教学策略和教学方法。在英语课堂教学中,要让学生通过比较两种语言的不同风格,认识到两种语言学习的不同,激发学生学习的兴趣,提高英语写作。

(二)加强听力训练

大学英语写作教学中,还要加强英语学习输入的听力能力训练。只有听懂了英文课文和英文资料,才能进行英语的学习。因此,英语听力能力放在大学生英语学习的首要位置,也是大学生英语学习的一大难题。

听力能力首先是一个人的语言天赋的表现,更要注重采取正确的学习方法来加强后天学习的培养。这也和有的学生不重视听力有关系。学校的听力课往往也是走过场,没有形成系统的听力教学体系,没有经过有效的听力训练,大学生中"聋子英语""中式英语"等

现象普遍存在。

在网络信息化背景下，利用多媒体教学手段、各种英语教学平台、英语学习网站、英语学习 App 等大学生喜闻乐见的互联网学习工具，调动大学生听力学习的积极性，随时随地选择自己感兴趣和有学习需求的英语内容和英语学习方式，利用碎片化的学习时间，加强各种英语知识的听力训练，培养大学生的英语听力能力。

（三）加强单词记忆

英语单词是我们学习英语的基础，英语单词和汉语的词语一样都是学习一种语言的基础，英语单词也是英语学习输入的一个重要组成部分，也是大学生学习英语的一大难题。

由于大学生对英语单词和词汇的掌握量不够，在单词记忆方面没有找到适合自己的有效的记忆方法，也没有花费太多的时间和精力去加强英语单词的记忆。由于听力训练和英语单词输入学习的有限程度，学生的英语阅读就有了一定的难度。英语学习中的一种主要的"可理解输入"学习方式被切断，也造成了学生对英语学习的厌倦，使学生的英语写作陷入更加困难的境地。

因此，大学生要利用网络上的各种背单词软件、App、英语网站等有效学习方式加强对英语单词的记忆，提高英语阅读水平，培养大学生英语写作意识，这样能够有效提高大学生英语写作水平。

二、实现大学英语写作教学目标的策略

（一）优化教学环境

大学英语教学环境对于大学生学习英语是非常重要的。要优化大学生英语写作教学的语言和文化教学环境，优化高校校园文化建设。高校要为每个阶段的学生提供相适应的教学资料，还要配备相当的教师队伍。改革创新信息化背景下的英语教学方法和教学手段，积极构建英语教学平台，丰富大学生英语学习的网络资源，创造一个有利于英语语言学习的学习环境。

（二）培养学生的自主学习能力

在信息化网络背景下，高校大学生英语写作教学的核心还是要树立学生在英语教学中的主体地位。充分发挥高校教师在英语教学中的主导作用，培养学生自主学习英语的主动积极性，提高大学生的自主学习能力。

大学英语教学中要有学生的积极有效参与，才能实现教学的目标，才能实现有效的教

学。学生在大学英语写作教学中始终处于无可替代的中心地位。学生既是教学服务的对象，又是教学成果的载体。没有学生的学习，教学也就失去了其存在的意义。英语语言的学习是学生自主学习的过程，只有不断地学习，才能具备英语语言的听、说、读、写、译的能力。

(三)注重教学过程

1. 安排写作过程

大学英语写作教学过程中，要引导学生积极参与到写作过程的拟定和安排中，激发大学生写作的兴趣。在写作过程中，由于活动的不同，所以侧重点也都有所不同。

(1)对于写作前的准备活动而言，应该注重的是构思作文内容，引导学生认真思考写作素材。

(2)一篇完整的英文写作文章包含一个语义整体，结构分为主题句、展开句和结束句三个部分。

(3)改写的重点应该放在句子的多样性、意思的表达、层次间的连贯以及句与句之间的衔接上。

(4)在段落发展的过程中要适当运用过渡词，通过使用各类过渡词，可以使文章具有很强的条理性和比较鲜明的层次，有助于承启句意，更加明确段落的主题思想。在英语写作教学中，要让学生高度重视过渡词，并提供一些句子让学生进行增加过渡词的练习，从而实现段落篇章的完整性。

(5)对于英语写作的标题，要能结合学生的校园内外生活、社会中的热点问题、学生感兴趣的一些话题等；也可以让学生根据情境或者写作内容自己拟定题目；还可以结合大学英语教材的教学内容进行英语写作。

(6)教师在写作教学中还要提供给学生各种各样的英文写作形式，指导学生选择适合自己风格的写作方法进行写作前的准备。

2. 积累写作素材

写作是作者表达对世界的认识的一种方式，要鼓励学生多阅读、多思考，扩大写作素材的积累。教师应该从学生的心理出发，帮助学生对写作素材进行挖掘。除此之外，在写作过程中进行范文的教学也是一种十分有效的方法。这可以帮助学生了解英语表达方式，巧妙地展开英语写作，学习英语写作范文中的写作技巧、合理的谋篇布局，提高大学生的英语写作水平。

3. 汇集各种观点

教师可以组织学生就某一话题进行小组讨论，使学生能够全方位、立体化地讨论一篇文中的主题；与此同时，可以通过大纲的形式展现教师收集到的观点，为了改善或加强学生在写作中难以达到的语篇衔接的薄弱环节，可以要求学生在厘清语篇的层次结构后，在各种观点之间加入适当的表达。这样一来，写出的文章不仅立意新颖，而且内容充实、结构层次分明。

（四）加强教师的能力建设

在信息化背景下的高校英语写作教学中，教师在教学中是指导者，在传授学生英语知识的同时，也是学生英语学习的引导者，在教学中起到主导作用。英语作为一门语言，具有语言学习的特殊性。教师的专业英语知识、英语阅读量、英语写作水平、英语行业科研实践能力，都是教师要具备的专业理论知识和英语教学岗位技能。要加强高校英语教师的综合能力建设，发挥教师的主导作用，加强教师的经验积累，提高大学英语写作教学的有效性。

第五节 大学英语翻译教学的策略

一、明确翻译教学目标

（一）大学英语翻译教学的目标

大学英语翻译教学的目标就是要确定高校英语教学所要达到的目标，也就是高校教学活动的最终目的，是要培养高素质的综合应用型英语人才，这也是高校英语翻译教学的重要环节。

在对英语翻译教学的目标定位上，高校、教师和学生要重视翻译技巧、翻译方法、翻译中语句所表达的情感、对翻译教学的认知态度等，充分地关注和认知英语翻译教学的目标。高校英语翻译教学提出了"三维立体"目标，这三个目标要相辅相成地体现在英语翻译教学的目标中。

（1）基本的目标就是要让学生掌握英语翻译基础理论知识，从而提高学生的英语翻译技巧和能力。

(2)学生在高校学习期间的翻译学习目标,就是获取英语知识要通过一定有效的学习程序和英语翻译学习方法。这个"过程与方法"的目标一旦达成,可以使学生在以后的学习和生活中受益。

(3)高校的教学目标中,还要教会学生做人、做事的道理,帮助学生判断事物的好坏,判断学生的行为标准,培养学生正确的人生观和价值观。

(二)以学生学习需求为中心

信息化背景下高校教育改革的核心思想是以学生发展为中心,在实际的英语翻译教学中要以学生的学习需求为中心。大学英语教学的对象既包括英语专业的学生,也有非英语专业的学生。因此,在翻译教学的过程中,要针对不同的情况提出英语翻译教学的不同目标,要以学生的实际需求为教学的目标,使得学生能够掌握本专业的知识和技能,具备听、说、读、写、译五种翻译教学能力,具备真正的语言运用的综合能力。这样也能使学生更好地适应将来的就业,为社会各行各业培养懂专业又会翻译的高素质复合型英语人才,大学生应该是有精通的专业知识、扎实的英语基础、灵活的翻译技巧,具有解决翻译问题的能力,能更好地适应科学技术进步的社会发展的需要,能更好地接触国际社会,促进学生的个人职业发展。

翻译教学不仅仅是翻译专业学生的一种能力,更应该成为所有学习英语的人掌握的一种能力。以课本为中心的翻译教学,不能适应信息时代国际社会的发展,而忽视学生的需求的翻译教学,是完成教学任务的教学,不是真正的翻译教学。

二、构建专业化的师资队伍

对于高校教师来说,不能把大学英语翻译教学当作单纯的语言教学手段,要当作一门语言教学,明确英语翻译教学的目标。在英语翻译教学中既要注重对英语知识、技能的教授,还要注重对教学过程与方法、翻译教学的情感和态度等方面的教学。教师要分清翻译教学和教学翻译,在教学过程中既注重对英语语法的教授,还要重视对翻译理论和技巧的教授。

作为一名高校英语翻译教师,要具有不断学习的意识,切实提升自我翻译水平。只有这样才能更好地进行授课活动,才能不断提高学生的翻译水平。高校也要面向社会招聘英语翻译水平高、英语实践经验丰富的教师人才,还可以聘请英语行业的专门人才、社会企事业单位的英语精英做学校的兼职教师,整合社会各种英语教学优质资源,构建专业化水平高的英语翻译师资队伍。

信息化时代背景下的高校英语教师,要创新大学英语翻译教学改革,创新英语翻译教学方式。在这个背景下,很多英语教师着手研究多媒体辅助英语翻译教学,为高校英语翻译教学寻求科学的教学方法。

三、利用多媒体和网络技术教学

(一)网络学习环境

首先,网络教学手段创造了一个师生间接互动的学习环境。这种学习环境有效降低了学生由于直接面对教师而可能带来的紧张感。教师可以把先前课堂上讲授的部分内容,放到校园网上,作为翻译教学模块让学生自主进行学习。

其次,教师还可以有计划地加大练习难度,加强学生对英美文化、跨文化交际等各方面的了解,开阔他们的眼界。而学生则能够通过在校园网上阅读中英文文章,自行翻译,然后仿照原文写作的方式,逐步提高自己的阅读、翻译及写作水平。

(二)多媒体翻译教学

在互联网高速发展的当今时代,信息化背景下高校的英语翻译教学要利用多媒体教学方法和教学手段,提高翻译教学的质量和效果。由于各个高校情况不同,大学生生源也不尽相同,统一的教材配套的多媒体教学课件缺乏系统的翻译教学内容,也不能适应各个层次和阶段的学生学习的需求。教师根据学校的具体情况,制作适合自己学校大学生学习的多媒体课件是十分必要的,也真正能满足大学生翻译学习的需求,适应社会发展对大学生翻译人才的需求。

多媒体翻译教学模块,适应了各个高校英语教学目标,符合各个年级层次的大学生的知识水平。有效的英语翻译教学内容充分利用了动态、真实的英语学习情境,刺激了大学生多种学习感官;形象生动的教学内容,使得晦涩的翻译基础理论知识变得形象化、具体化,还实现了师生之间的互动教学。多媒体翻译教学既对英汉互译常用方法和技巧进行归纳和讲解,又针对句、段、篇和文体补充相关的中国文化和西方社会文化常识,使学生能够对翻译的基本常识有一个系统地掌握。培养了学生自主学习的能力,确保不同年级、不同层次的大学生在翻译能力方面得到训练和提高。教师能够针对各层次的学生设计多个链接,在课堂上由教师指导或学生自主选择翻译内容,不仅可以使传统的英语课堂氛围得到改善,而且还可以对栩栩如生的英语环境加以营造。

(三)丰富的翻译教学资源

互联网网络强大的信息检索功能、丰富的教学资源,可以实现大学生高效检索自己所需要的学习信息资源,获取校园网、英语教学平台、英语网站等英语翻译学习的资源。大学生可以根据自己的学习专业、自己的兴趣爱好、自己的学习需求自主地选择不同的翻译教学资源进行练习。教师既可以及时对学生的练习情况加以掌握,又可以"手把手"式地指导学生;还可以及时发现学生翻译练习中的典型问题,并给所有学生观看,从而可以使学生学与练的效果得到保证。

综上所述,多媒体网络给大学英语翻译教学带来了新的改革契机,要利用现代化技术培养学生的语言应用和自主学习能力,使学生在教师的指导下,根据自己的特点、水平、时间选择合适的翻译学习资料,并借助计算机的帮助迅速提高自己的英汉双语翻译能力,从而实现最佳的学习效果。

四、利用网络资源改变传统的大学英语翻译教学模式

(一)英语翻译教学内容

翻译教学内容的选择要有一定的时效性,要符合当前社会主流意识形态的要求,与社会现实一致。教学的内容要不断拓宽学生的知识面,适应当今信息时代的发展,这样学生的学习才能紧跟时代的需要;要能激发学生翻译学习兴趣,提高对翻译价值的认识。结合高校自身的专业和学生的特点进行教材的选择,每个高校应该选择适合自身情况的教学内容。对于翻译教材内容的选择,也要尽量避免那些过时的、冗长的和晦涩难懂的材料,要根据"00后"后学生的成长和个性特点,体验到翻译中的乐趣,调动学生学习的主动性和积极性,产生翻译学习的冲动。

实践证明,英语翻译教学中,系统性和条理性的教学内容与翻译材料是实现英语翻译教学目标的重要保障,可以保证学生的专业学习,也是培养学生语言综合应用能力的基本条件,这样更能促进学生全面、和谐地健康发展。

(二)英语翻译课程建设

在课程建设方面,要及时补充、更新翻译素材库,通过大量的翻译实践归纳出基本理论,这样才能上升到理性认识,反过来指导翻译实践活动。翻译素材要紧跟时势,能够反映当代社会各个方面,难度要体现层次性。英语翻译的技能是需要长时间的学习和锻炼的,也需要学生在课内和课外不断地学习才能真正提高翻译能力和翻译水平。英语翻译教学内容的重要之一就是教学课程的设置。翻译课程是所有学习英语的学生必须掌握的一门知识和一项技能。翻译教学是英语专业学生的必修课程,但是对于非英语专业的学生,翻译教学也应该作为必修课程来学习。

(三)英语翻译教学手段

在教学手段方面,教师可以按照课堂讲练结合、课外及时辅导的策略提高学生的整体英语学习水平。因此,课堂内讲练结合很有必要。在练习的基础上,引导学生归纳相关的翻译方法与技巧;学生课外练习时,教师也要给予及时辅导。这样不仅可以鼓励并帮助学生解决疑难问题,使他们产生积极的学习情感,而且还可以监控练习过程。教师还要根据学生的练习情况,及时调整、更新课件内容。

参考文献

[1] 方燕芳. 英语思维与英语教学[M]. 成都：电子科技大学出版社, 2017.

[2] 赵艳. 跨文化交际与英语思维教学研究[M]. 长春：吉林大学出版社, 2017.

[3] 李迎新. 批判性思维培养与大学英语教育[M]. 西安：西安交通大学出版社, 2017.

[4] 吴丹, 洪翱宙, 王静. 英语翻译与教学实践[M]. 长春：吉林人民出版社, 2017.

[5] 邹倩, 张鲲, 席玉虎, 等. 基础英语教学研究[M]. 北京：中国原子能出版社, 2017.

[6] 连良鹏. 优化英语课堂教学探究[M]. 长春：吉林人民出版社, 2017.

[7] 李冰冰. 英语教学与翻译理论研究[M]. 北京：北京理工大学出版社, 2017.

[8] 束定芳, 王雪梅, 赵美娟. 英语教育与教学研究第1辑[M]. 上海：上海英语教育出版社, 2017.

[9] 何亚男, 金怡, 张育青, 等. 高中英语写作教学设计[M]. 上海：上海教育出版社, 2017.

[10] 高苗. 多元视角下的英语翻译教学研究[M]. 北京：九州出版社, 2017.

[11] 孙琳. 大学英语教学设计与有效教学[M]. 长春：吉林大学出版社, 2020.

[12] 邝增乾. 大学英语教学的情感因素研究[M]. 长春：吉林人民出版社, 2020.

[13] 冯建平. 新时代大学英语教学研究[M]. 长春：吉林大学出版社, 2020.

[14] 张献. 大学英语教学理论及实践应用[M]. 武汉：中国地质大学出版社, 2020.

[15] 朱飞. 大学英语教学中的翻转课堂[M]. 长春：吉林大学出版社, 2020.

[16] 文和平, 杨晓莉, 陈玖豪. 现代教育技术与英语教学实用教程[M]. 重庆：西南师范大学出版社, 2010.

[17] 吴柏林. 信息技术及其应用[M]. 上海：复旦大学出版社, 2004.

[18] 吴也显. 教学论新编[M]. 北京：教育科学出版社, 1991.

[19] 向华. 多媒体技术与应用[M]. 北京：清华大学出版社, 2015.

[20] 赞科夫. 教学与发展[M]. 杜殿坤, 等译. 北京：人民教育出版社, 2008.

[21] 张华. 课程与教学论[M]. 上海：上海教育出版社, 2000.

[22] 王春畅. 活动理论及其对网络学习行为研究的启示[J]. 商品与质量·科教与法, 2011(2)：1253-1256.

[23] Livingstone D W. Adults' Informal Learning: Definitions, Findings, Gaps and Future Research[M]Toronto: NALL Working Paper, 2001.

[24] Kolb D A. Experiential Learning: Experience as the Source of Learning and Development [M]. Engle-wood Cliffs, NJ: Prentice Hall, 1984.

[25] Albert Bandura. Social Foundations of Thought and Action: A Social Cognitive Theory[M]. NewJersey: Prentice Hall, 1986.